FÍSICA
CASA E COZINHA

Editora Appris Ltda.
1.ª Edição - Copyright© 2021 dos autores
Direitos de Edição Reservados à Editora Appris Ltda.

Nenhuma parte desta obra poderá ser utilizada indevidamente, sem estar de acordo com a Lei nº 9.610/98. Se incorreções forem encontradas, serão de exclusiva responsabilidade de seus organizadores. Foi realizado o Depósito Legal na Fundação Biblioteca Nacional, de acordo com as Leis nos 10.994, de 14/12/2004, e 12.192, de 14/01/2010.

Catalogação na Fonte
Elaborado por: Josefina A. S. Guedes
Bibliotecária CRB 9/870

T349f
2021
	Tetzner, Guaraciaba de Campos
	    Física : casa e cozinha / Guaraciaba de Campos Tetzner. - 1. ed. - Curitiba : Appris, 2021.
	    121 p. ; 21 cm.
	
	    Inclui bibliografia.
	    ISBN 978-65-250-1900-0
	
	    1. Física. 2. Eletrodomésticos. I. Título.
	
	    CDD – 530

Appris editora

Editora e Livraria Appris Ltda.
Av. Manoel Ribas, 2265 – Mercês
Curitiba/PR – CEP: 80810-002
Tel. (41) 3156 - 4731
www.editoraappris.com.br

Printed in Brazil
Impresso no Brasil

GUARACIABA DE CAMPOS TETZNER

FÍSICA
CASA E COZINHA

Appris editora

FICHA TÉCNICA

EDITORIAL	Augusto V. de A. Coelho
	Marli Caetano
	Sara C. de Andrade Coelho
COMITÊ EDITORIAL	Andréa Barbosa Gouveia (UFPR)
	Jacques de Lima Ferreira (UP)
	Marilda Aparecida Behrens (PUCPR)
	Ana El Achkar (UNIVERSO/RJ)
	Conrado Moreira Mendes (PUC-MG)
	Eliete Correia dos Santos (UEPB)
	Fabiano Santos (UERJ/IESP)
	Francinete Fernandes de Sousa (UEPB)
	Francisco Carlos Duarte (PUCPR)
	Francisco de Assis (Fiam-Faam, SP, Brasil)
	Juliana Reichert Assunção Tonelli (UEL)
	Maria Aparecida Barbosa (USP)
	Maria Helena Zamora (PUC-Rio)
	Maria Margarida de Andrade (Umack)
	Roque Ismael da Costa Güllich (UFFS)
	Toni Reis (UFPR)
	Valdomiro de Oliveira (UFPR)
	Valério Brusamolin (IFPR)
ASSESSORIA EDITORIAL	Manuella Marquetti
REVISÃO	Stephanie Ferreira Lima
PRODUÇÃO EDITORIAL	Romão Matheus Neto
DIAGRAMAÇÃO	Juliana Adami Santos
CAPA	Julie Lopes
COMUNICAÇÃO	Carlos Eduardo Pereira
	Débora Nazário
	Karla Pipolo Olegário
LIVRARIAS E EVENTOS	Estevão Misael
GERÊNCIA DE FINANÇAS	Selma Maria Fernandes do Valle

Aos meus queridos alunos do EJA (Educação de Jovens e Adultos), administradores do lar, que reconhecem a importância do conhecimento, fonte inspiradora do meu trabalho.

AGRADECIMENTOS

Aos meus mestres e aos meus alunos, vocês são parte fundamental da minha existência.

Aos meus filhos, frutos da minha existência, e aos meus netos, frutos dos meus frutos.

À Valéria Pires, amiga que sempre me estimulou, chegando mesmo a cobrar por esta obra.

À equipe da Editora Appris, pelas orientações e apoio.

A Deus e à proteção espiritual que nunca me faltou. Gratidão!

Ninguém ignora tudo, ninguém sabe tudo...
Por isso aprendemos sempre

(Paulo Freire)

PREFÁCIO

Neste livro, a autora descreve vários aparelhos de uso doméstico e cotidiano que mostram como a Física está presente de forma explicita sem ser usualmente identificada como tal. Por que é importante saber como funciona um micro-ondas? Acredito que seja importante para utilizá-lo com eficiência e segurança. O mesmo vale para os outros eletrodomésticos e aparelhos, como a televisão, porque o conhecimento favorece a utilização consciente deles, e, muito importante, atenção no que se refere à economia de energia, atitude tão relevante na economia doméstica e preservação do meio ambiente.

Muitas vezes, os alunos acham a Física muito difícil e sem utilidade. Por isso, as descrições apresentadas mostram de forma clara o fenômeno físico presente nesses aparelhos.

A maioria dos livros didáticos apresentam a Física de modo teórico com fórmulas e leis, sem mostrar o lado prático, nem o modo experimental, muitas vezes elucidativo dos princípios físicos presentes no nosso dia a dia.

A autora tem larga experiência no ensino de Física em escolas públicas e privadas e no EJA (Ensino de Jovens e Adultos). Ela sempre se preocupou em se manter atualizada, seja na parte teórica da Física, incluindo a Física moderna e contemporânea, seja na prática de ensino, das tendências pedagógicas, participando de grupos de pesquisa em ensino de Física na Faculdade de Educação da Universidade de São Paulo – USP, assim como em seminários no Instituto de Física da USP, onde se formou no bacharelado e na licenciatura plena em Física. Depois, concluiu o mestrado tornando-se mestre em Ciências na modalidade Tecnologia Nuclear. Por tudo isso, ela teve uma formação ampla, o que a diferencia de modo significativo.

Em conclusão, a competência em escrever de forma clara e objetiva com o desejo de atingir o público curioso, mesmo sendo leigo, confirma o empenho da autora em expandir o conhecimento acadêmico adquirido durante sua formação e sua ampla jornada didática.

Dr.ª Nobuko Ueta
Professora sênior do Departamento de Física Nuclear do Instituto de Física da Universidade de São Paulo.
Colaboradora da autora em projeto de ensino de Física na Faculdade de Educação da USP.

APRESENTAÇÃO

O conhecimento básico de alguns temas da Física pode auxiliar a responder a perguntas do dia a dia doméstico do tipo: será que necessito comprar uma *air fryer*? Qual a diferença entre o fogão a gás e o fogão de indução? Qual a iluminação mais conveniente para a minha casa?

Sou formada em Física pela Universidade de São Paulo e mestre em Ciências Ipen/USP; ensinei Física e Matemática por mais de 30 anos em escolas públicas e particulares. Hoje, aposentada, tenho saudades dos alunos que gostavam de aprender, dos colegas, da vida na escola. Não foi fácil, e agora, finalmente, tenho tempo para ler e escrever, e, assim, foi possível elaborar este material. São respostas que explicam com bases científicas as perguntas que ouvi durante muitos anos, de alunos, de amigos e familiares.

Imagino que este conteúdo possa interessar ao público feminino principalmente, muito embora aqui tenha respostas a dúvidas masculinas, como a do meu genro: "Qual o perigo de usar o forno de micro-ondas para aquecer a comida do meu filho?" Ele sugeria que aquecer no micro-ondas poderia tornar o alimento de alguma forma irradiado.

Os meus saudosos alunos da educação para jovens e adultos (EJA), sem dúvida, inspiraram-me muito. Ensinar para adultos é uma experiência estimulante. São pessoas que, por algum motivo, não puderam estudar e voltam para as salas de aula com uma vontade envolvente de aprender. Relacionar a Física com o cotidiano deles, lembrando Paulo Freire: *a Educação, qualquer que seja ela, é sempre uma teoria do conhecimento posta em prática*, fazia parte dos melhores momentos. Porque um professor é feliz quando seu aluno está interessado no assunto, e essa relação ciência x cotidiano era o ponto alto do interesse. Sempre acreditei que ser professor é um processo contínuo de ensinar e aprender, e esses alunos certamente me ensinaram muito. Sou eternamente grata a eles.

As situações escolhidas são muito simples e de fácil compreensão. Foram escolhidas também em conversas com amigas, e estou à disposição de esclarecer qualquer dúvida que ainda surja. Algumas vezes, mesmo com minha formação em Física, quando lia alguns livros de Físicos para leigos, confesso que tinha dificuldade de entender alguns conceitos. Aqui, usarei a linguagem que usava em sala de aula, a linguagem mais informal possível, e espero que consiga escrever de forma clara e precisa.

Os temas escolhidos abrangem o nosso dia a dia atual na cozinha, são dez, e não possuem nenhuma ordem de leitura, estão apenas em ordem alfabética. Acredito que devem ser lidos de acordo com o interesse pessoal e que tragam respostas às possíveis dúvidas que ainda persistam.

Desejo que a leitura possa de alguma forma ajudar o leitor a compreender melhor toda essa vasta oferta de aparelhos de usos domésticos.

Como o conhecimento básico de Física pode otimizar o ambiente doméstico promovendo o uso consciente dos eletrodomésticos, televisores e da iluminação.

(Guaraciaba Tetzner)

SUMÁRIO

AIR FRYER:
SERÁ QUE PRECISO DE UMA? 19

AR-CONDICIONADO E AQUECEDORES:
MANTER SEMPRE A AGRADÁVEL TEMPERATURA DO LAR 25

AS ALAVANCAS:
FAZEMOS USO CORRETO? 35

LÂMPADAS:
A ILUMINAÇÃO ADEQUADA DO LAR 47

FOGÃO DE INDUÇÃO:
UMA BOA OPÇÃO? 59

GARRAFA TÉRMICA:
CONSERVAR QUENTE OU FRIO? 67

GELADEIRAS:
CONSERVAR PARA DURAR 73

MICRO-ONDAS:
ALGUMA RESTRIÇÃO? 83

PANELA DE PRESSÃO:
USAR SEM MEDO! 93

TELEVISÃO:
MUITOS PROGRAMAS E MUITAS OPÇÕES...................103

NOTA DA AUTORA...115

REFERÊNCIAS...117

AIR FRYER:
SERÁ QUE PRECISO DE UMA?

O termo *"Air Fryer"*, em português, fritadeira de ar, é usado para nomear essa peça muito útil atualmente na cozinha, especialmente pela preocupação com o uso de óleo nas frituras. O ar em alta temperatura que é lançado pela resistência elétrica faz o papel do óleo quente que frita os alimentos.

QUANDO OPTAR PELA *AIR FRYER*?

Alimentos fritos no óleo ou gordura carregam um alto nível de colesterol e por isso poder fritar sem óleo parece ser uma solução muito bem aceita.

Como funciona uma *Air Fryer*?

A *Air Fryer* não é na verdade uma nova invenção, seu funcionamento se baseia em uma resistência elétrica e um sistema de ventilação. A resistência serve para aquecer e o sistema de ventilação serve para difundir as ondas de calor no seu espaço interno. Esse sistema de ventilação faz o "papel" do óleo da frigideira.

FIGURA 1

Fonte: a autora

FÍSICA DA *AIR FRYER*:

Primeiro, vamos rever o que é e para que serve um resistor elétrico, cuja unidade de medida de sua resistência elétrica recebe o nome de ohms, e o símbolo da unidade tem essa forma: Ω

Um resistor é um dispositivo físico que, ao ser percorrido pela corrente elétrica, oferece resistência para a passagem dos elétrons que formam essa corrente.

A passagem dos elétrons, isto é, o fluxo de elétrons, acontece quando um condutor fica sujeito à diferença de potencial elétrico entre suas extremidades (um polo positivo e outro negativo = voltagem). A diferença de potencial vem da ligação elétrica, a qual é medida em Volt. A corrente elétrica encontra dificuldade em passar por um resistor, que é um dispositivo condutor, mas preparado para fornecer resistência à passagem dos elétrons. Então, os elétrons vão colidindo com os átomos do resistor e vão liberando a energia dessas colisões em forma de calor. Esse calor é irradiado nos aparelhos resistivos, como: chuveiro elétrico, secador de cabelos, chapinha, ferro de passar e tantos outros que funcionam com o aquecimento por meio de uma resistência elétrica.

O que ocorre em uma resistência elétrica pode ser mostrado na figura a seguir, um fio entre dois polos de um circuito, um positivo e outro negativo, e a dificuldade dos elétrons em percorrer o fio condutor é mostrada pelo fio em forma parecida com um zigue-zague:

FIGURA 2

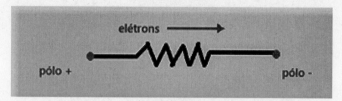

Fonte: a autora

Na *Air Fryer*, o ar em alta temperatura que é lançado pela resistência do resistor elétrico faz, portanto, papel do óleo quente que frita os alimentos. Esse é então um aparelho que utiliza resistência elétrica, assim como o forno elétrico. A maioria das *air fryers* possuem resistência em formato circular, similar às resistências de fogões elétricos e ficam ligando e desligando em torno da temperatura programada no painel. O diferencial no caso da *Air Fryer* é justamente a utilização do ar em movimento.

A *Air Fryer* é diferente do forno porque o ar tem uma velocidade maior para aquecer o alimento e o resultado disso é ter o alimento mais crocante do que o alimento assado no forno convencional ou elétrico.

Uma vez aquecido o resistor o ar é "lançado" e se formam as correntes de convecção.

FIGURA 3

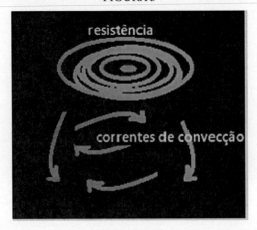

Fonte: a autora

CONSUMO

O consumo de energia, assim como em fornos elétricos, está ligado a muitas variáveis, como a potência do produto, o isolamento térmico, o fluxo de ar que é feito, temperatura utilizada e quantidade de alimento. Quanto mais alimento, certamente, mais energia será demandada. Para pequenas porções, a economia de energia é maior numa *air fryer* do que em um forno elétrico.

Exemplo: uma torta de atum que na *Air Fryer* demora de 10 a 15 minutos para ficar pronta, no forno convencional levaria de 50 a 60 minutos, com a temperatura em 180°C.

Em média, a *air fryer* consome um pouco menos que um forno elétrico médio (por volta de 40 litros) se for usada pelo mesmo período de tempo.

Se for considerada a potência (medida em Watt) e o tempo de preparação, no caso dessa torta de atum, por exemplo, a tabela a seguir mostra o cálculo da energia gasta nessa preparação em quilowatt-hora (kWh).

APARELHO	POTÊNCIA (Watts)	TEMPO	ENERGIA
Forno Elétrico	1.500	60 min	1,5 kWh
Air Fryer	1.500	15min	0,375kWh

O cálculo é simples: a energia E = potência x tempo de uso. Note que o tempo em minutos deve ser transformado em hora.

60 min = 1h e 15 min = ¼ h

Observe na "conta de luz" na qual se paga justamente os quilowatt-hora (kWh) que usamos durante o mês (e mais tantos impostos!).

Em resumo, o tempo de preparo do mesmo alimento é menor na *air fryer*, reduzindo o consumo de energia. Consideramos ainda que há menos espaço para preparação do alimento na *air fryer*.

Quase tudo que você pode cozinhar em um fogão normal pode ser feito na *air fryer*. Outro benefício de usar uma *air fryer* é preparar alimentos mais saudáveis com rapidez e praticidade.

RECOMENDAÇÕES DE USO

- deixar a *air fryer* aquecer por alguns minutos antes de utilizá-la;
- usar um spray para borrifar o óleo levemente, quando necessário;
- comprar uma *air fryer* que seja fácil de lavar também já que é provável que você a utilize com grande frequência;
- usar fatias mais grossas de bifes e filés para não ficarem secos;
- os peixes e frangos não devem ser sobrepostos

RECÉM-CHEGADA AO MERCADO, OUTRA OPÇÃO É A *AIR FRYER* + PANELA DE PRESSÃO

Para quem decididamente prefere não usar o fogão, esse aparelho já bastante usado, o qual une a possibilidade de fritar sem usar óleo, a de cozinhar rapidamente legumes e ainda assar e grelhar. Nesse aparelho, pode-se cozinhar arroz integral, carnes, peixes e frangos, sopas, feijão, macarrão, bolos e pudins. E ainda se pode programar o início do preparo de uma receita, todos os dias e em até 24 horas.

CONCLUSÃO

Existem inúmeras receitas de alimentos preparados na *air fryer* nas redes sociais, basta pesquisar e encontrará aquelas que te convém e te agradam mais.

BOM APETITE!!!

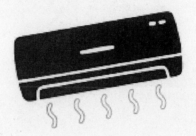

AR-CONDICIONADO E AQUECEDORES:
MANTER SEMPRE A AGRADÁVEL TEMPERATURA DO LAR

Com as mudanças climáticas ocorridas no último século, constatamos que as residências mais do que nunca procuram climatizar o ambiente adquirindo aparelhos de ar-condicionado e aquecedores para os dias mais frios. Comprar um aquecedor parece ser mais fácil, até porque são aparelhos mais simples e com menos tecnologia. Entretanto, a escolha do ar-condicionado exige um pouco mais de conhecimento. Para isso, um pouco de leitura pode facilitar a aquisição consciente do seu aparelho.

FÍSICA DO AR-CONDICIONADO

Entender como funciona o processo de climatização dentro do ar-condicionado pode te ajudar a aumentar a vida útil do aparelho ou mesmo evitar problemas na hora da compra. Existem diferentes tipos com aspectos e tecnologias que alteram o modo de funcionamento de um modelo para outro.

FIGURA 4

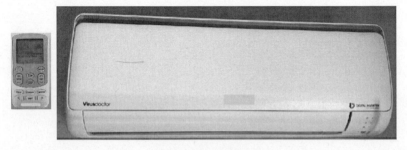

Fonte: a autora

O AR-CONDICIONADO MAIS TRADICIONAL: funciona apenas no modo frio e com o compressor convencional. Ele funciona de uma maneira mais básica e padrão e tem poucas alterações nos modelos mais complexos. O ar-condicionado pode ser imaginado como uma geladeira. A ideia do funcionamento básico dos dois aparelhos é praticamente a mesma, usando a evaporação de um fluído refrigerante para fornecer a refrigeração. Os mecanismos responsáveis por essa etapa funcionam da mesma maneira na geladeira e no ar-condicionado.

O CICLO DE REFRIGERAÇÃO É O SEGUINTE:

1. O compressor comprime o ar frio, tornando-o um gás quente de alta pressão.

2. O gás quente passa por um trocador de calor (responsável por dissipar o calor) e se condensa para o estado líquido.

3. Esse líquido escoa por uma válvula de expansão. Nesse processo, ele vaporiza e se torna um gás frio de baixa pressão.

4. Esse gás frio também corre por meio de trocador de calor, permitindo que o gás absorva calor e esfrie o ar do ambiente.

O número de BTUs (*British Thermal Unit*), que se traduz como: Unidade Térmica Britânica, é a unidade de medida de potência de refrigeração de um ar-condicionado.

Com base nessas informações, podemos definir que quanto maior o número de BTUs um aparelho tiver, maior será a sua potência. Em resumo: um ar-condicionado 12.000 BTUs terá potência maior do que um com 9.000 BTUs.

Para converter BTU em Watts a fim de conhecer o consumo, usa-se uma constante cujo valor é 0,293. Se multiplica o número de BTUs por 0,293 (esse valor é calculado e tabelado, vem da transformação do sistema de unidas que se usa no Brasil que é diferente do sistema de unidades inglês). O resultado será a troca da unidade de capacidade de refrigeração. Como exemplo temos:

12.000 BTU x 0,293 = 3,51kWh, se usado durante 2 horas, o consumo de energia elétrica é da ordem de 7,02kWh. Esse valor deve ser multiplicado pelo valor em reais da sua conta de energia elétrica (depois se somam os impostos!).

Os fabricantes recomendam em média entre 600 a 800 BTUs por metro quadrado. Isso varia porque depende da quantidade de sol que incide no ambiente. Se recebe sol pela manhã, o cálculo se faz com 600 BTUs, mas se o sol incide o dia todo é melhor optar por 800 BTUs por m².

Na tabela a seguir o cálculo médio é feito considerando os 600 BTUs por m² do ambiente doméstico, onde o sol incide pela manhã, e para uma pessoa, pois mais pessoas no ambiente ainda requer mais BTUs.

Tabela média para ambientes com sol incidente apenas pela manhã e até 2 pessoas. Valores encontrados em recomendações dos fabricantes

QUANTIDADE DE BTUs	ÁREA
7.000	até 9 m²
9.000	12 m²
15.000	25 m²
18.000	30 m²
24.000	40 m²
30.000	50 m²

AR-CONDICIONADO INVERTER: seu diferencial é que ele não desliga quando o ambiente atinge a temperatura ideal e dessa forma não existem picos de voltagem, o que ajuda na economia de energia, uma vez que não é necessário a partida do aparelho diversas vezes.

Se a temperatura desejada é de $22°C$, por exemplo, ao atingir esse valor, o aparelho de ar-condicionado tradicional desliga, e quando a temperatura sobe religa. O aparelho inverter não tem essa necessidade da partida do motor e assim gasta menos energia em comparação aos aparelhos convencionais. O desenho a seguir ilustra essa comparação entre os dois modelos:

FIGURA 5

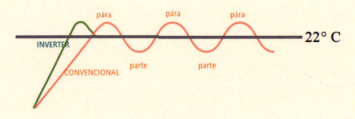

Fonte: a autora

AR-CONDICIONADO QUENTE E FRIO: o ar-condicionado ciclo reverso, também conhecido como ar-condicionado quente e frio, possui duas funções diferentes: a de resfriar ou aquecer o ambiente. No modo de resfriamento, boa parte dos aparelhos funcionam da mesma forma dos anteriores, absorvendo o ar quente do ambiente e injetando ar frio.

Já no modo de aquecimento, o ciclo funciona da maneira oposta, fazendo jus ao nome ciclo reverso. Todo o processo começa pela retirada do ar frio, que passa pelas mesmas etapas dentro do aparelho, porém, no sentido contrário, sendo liberado como ar quente e aquecendo o ambiente.

ALGUMAS FUNÇÕES DE UM APARELHO DE AR-CONDICIONADO

Os diferentes aparelhos possuem diferentes funções, e por isso devemos conhecer bem o manual de instruções para aproveitar ao máximo e com a máxima economia o aparelho escolhido. Alguma das funções mais encontradas atualmente nos mercados são:

- *Timer*: possibilita o aparelho a desligar no tempo escolhido.

- **Swing:** serve para climatizar o ambiente por igual, distribuindo o ar climatizado por todo o espaço.

- *Sleep*: serve para manter o clima agradável durante toda a noite, evita acordar com frio ou calor.

- **Turbo:** serve para climatizar o local com mais velocidade e eficácia.

POR QUE O AR-CONDICIONADO DEVE FICAR EM CIMA?

A refrigeração do ar se dá por meio das correntes de convecção que ocorrem quando ligamos o aparelho. Essas correntes acontecem em razão das diferenças de densidade do ar frio, mais "pesado", e por isso desce e do ar quente "mais leve" que sobe. Assim como o congelador que fica na parte superior das geladeiras a fim de favorecer essas correntes de ar, o aparelho de ar-condicionado também deve estar na parte de cima da parede.

Veja no desenho da casinha as setinhas indicando o movimento do ar de acordo com a temperatura:

FIGURA 6

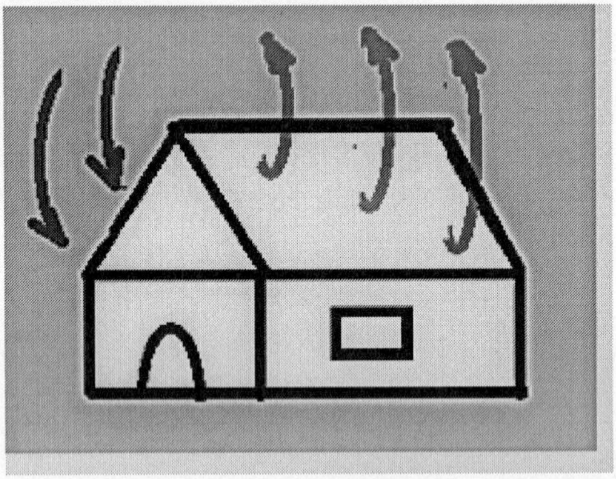

Fonte: a autora

O ar quente tende a subir enquanto o ar frio tende a descer.

E se o ar-condicionado estiver ligado no quente? Nesse caso também o ar quente sobe e, em seguida, aumentando a densidade desse ar, essa densidade será suficiente para que ele seja empurrado para baixo, além disso, os direcionadores da evaporadora vão ajudar a descida do ar, a fim de se equilibrar a temperatura do ambiente.

Atenção: não esquecer que o aparelho trabalha com refrigeração e que pode ocorrer vazamento de água, caso algum problema técnico de entupimento. Assim, evitar de deixar televisão, computador ou outro aparelho elétrico embaixo dele.

Não colocar eletrônicos embaixo do aparelho de ar-condicionado, o aparelho de ar-condicionado pode apresentar algum problema e água cair no seu eletrônico.

FIGURA 7

Fonte: a autora

AQUECEDORES DOMÉSTICOS

O clima tem mudado tanto atualmente que mesmo em locais onde a temperatura era sempre quente, agora acontecem dias de frio e vice-versa. Além disso, algumas residências possuem fachada exposta ao sol mais do que outras. Aqueles que vivem em locais mais úmidos ou locais onde o sol não incide totalmente precisam escolher também um aquecedor doméstico.

A escolha do aquecedor elétrico é bem mais simples, basta conhecer os modelos e saber reconhecer aquele que melhor se adapta às suas necessidades.

AQUECEDOR ELÉTRICO DE RESISTÊNCIA: esses aquecedores elétricos funcionam a partir de uma resistência e aquecem rápido, são práticos e leves, fáceis de transportar. A desvantagem é que usando resistência, ele queima o oxigênio, e o ar do ambiente se torna seco, além disso, esses modelos são os que consomem mais energia elétrica.

O aquecedor de resistência elétrica costuma ser o mais barato do mercado, o preço desse aparelho varia de acordo com o seu tamanho e potência. A potência de um aparelho elétrico, medida em Watt, varia diretamente com o gasto de energia, ou seja, maior potência significa maior consumo de energia elétrica.

Esses aquecedores não emitem nenhum ruído e são ideais para ambientes pequenos, pois o calor emanado se concentra nas proximidades do aparelho, não atingindo boas distâncias.

TERMO VENTILADOR: é um outro tipo de aquecedor elétrico à resistência. Esse aparelho funciona como um ventilador com uma resistência acoplada na hélice para aquecer.

Assim, a resistência produz o calor, a ventilação auxilia o ar quente a se dissipar, e o ambiente se aquece com maior facilidade e alcance.

Possui ainda a vantagem de se poder regular a potência e tem também a opção de ar frio para os dias quentes, como um ventilador comum.

Entretanto, esse tipo de aparelho emite o ruído de um ventilador.

O preço também costuma ser baixo e indicado para ambientes pequenos e médios.

AQUECEDORES A ÓLEO: este tipo de aquecedor é silencioso e não resseca o ar. Porém, seu preço é bem mais elevado. Isso pode ser compensado porque é cerca de 15% mais econômico do que os aquecedores elétricos.

O óleo é aquecido pela eletricidade no interior do radiador do aparelho, a parte que parece uma sanfona, e o calor se propaga pelo ambiente.

O óleo leva um certo tempo para ser aquecido e deve-se esperar um pouco para que o ambiente seja aquecido. Entretanto, é eficiente, pois depois do óleo aquecido, o calor permanece por mais tempo. Quando um fluido (gases ou líquidos) demora um tempo para se aquecer, ele também demora um tempo para resfriar.

Existem modelos com um termostato que é um dispositivo de regulagem automática destinado a manter a temperatura constante.

Outros ainda possuem controle remoto e função "timer" para programar o tempo de funcionamento do aquecedor.

A maioria desses aparelhos possuem 3 níveis de potência (baixo, médio e alto) e são principalmente indicados para ambientes pequenos e médios.

AQUECEDOR CERÂMICO: como o nome diz, esse aparelho é produzido com material cerâmico, que tem a propriedade de ser isolante térmico. Esse tipo de aquecedor tem a vantagem de esquentar rápido, por ser de elemento cerâmico, quando aquecido pela eletricidade também retém o calor gerado. Esse calor é dissipado para o ambiente por meio de uma ventoinha.

Trata-se de um aquecedor mais econômico entre os aquecedores elétricos e alguns modelos podem ser fixados na parede.

Alguns deles vêm com controle remoto, funções "timer" e programação de temperatura.

Eles provocam menos ressecamento no ar que os outros modelos elétricos.

Uma desvantagem pode ser o ruído, pois são um pouco barulhentos, o ruído é semelhante ao do ar-condicionado, e são mais caros.

Em resumo, seja verão ou inverno, nossa casa pode ter uma temperatura agradável, importante saber usar de forma inteligente o que a tecnologia nos proporciona.

> **VENTILAR O AMBIENTE ABRINDO AS PORTAS E JANELAS É UMA ATITUDE INTELIGENTE!**

AS ALAVANCAS:
FAZEMOS USO CORRETO?

FIGURA 8

Fonte: https://www.pexels.com/pt-br/procurar/pin%C3%A7as%20alicates/.
Acesso em: 20 maio 2021

A definição física de alavancas é *que são máquinas simples constituídas por uma barra rígida que pode girar sobre um ponto de apoio e servem para multiplicar a força aplicada sobre um objeto de forma a facilitar um trabalho.*

As alavancas constituem tantas ferramentas básicas que nem percebemos como são fundamentais em uma cozinha e na casa em geral. São alavancas usadas em casa e na cozinha: tesouras, alicates, pinças, abridor de garrafas, quebra nozes e outros como o martelo.

A história das alavancas nos remete à antiguidade e é bem divertida. Ler um pouco sobre Arquimedes e suas invenções é realmente muito interessante. É importante conhecer o funcionamento e a lógica das alavancas, a fim de reconhecer os objetos que contém o seu princípio básico (braço/força) e consequentemente fazer um bom uso dessas máquinas simples.

HISTÓRIA DAS ALAVANCAS

A história das alavancas nos revolve à antiguidade e uma das frases famosas da ciência, segundo a lenda, é a frase atribuída a Arquimedes de Siracusa (287-212 a.C.):

"DÊ-ME UMA ALAVANCA QUE MOVEREI O MUNDO"

FIGURA 9

Fonte: https://upload.wikimedia.org/wikipedia/commons/2/2b/Archimedes_(Idealportrait).jpg. Acesso em: 30 jun. 2021

Arquimedes foi um matemático, físico, engenheiro, inventor e astrônomo grego. A ele é atribuído a invenção de vários tipos de máquinas para usos militar e civil, incluindo armas de cerco e a bomba de parafuso.

FIGURA 10

Fonte: http://platea.pntic.mec.es/aperez4/html/grecia/arquime.jpg. Acesso em: 30 jun. 2021

Acredita-se que, para defender sua cidade, Arquimedes projetou máquinas capazes de levantar navios inimigos para fora da água e colocar navios em chamas usando um conjunto de espelhos.

Arquimedes é frequentemente considerado o maior matemático da antiguidade e um dos maiores de todos os tempos (ao lado de Newton, Euler e Gauss). Ele usou o método da exaustão para calcular a área sob o arco de uma parábola utilizando a soma de uma série infinita e encontrou uma aproximação bastante acurada do número π. Descobriu ainda a espiral que leva seu nome, fórmulas para os volumes de sólidos de revolução e um engenhoso sistema para expressar números muito grandes.

Durante o cerco a Siracusa, Arquimedes foi morto por um soldado romano, mesmo após os soldados terem recebido ordens para que não o ferissem, devido à admiração que os líderes romanos tinham por ele. Anos depois, Cícero descreveu sua visita ao túmulo de Arquimedes, o jazido possuía uma esfera inscrita em um cilindro. Arquimedes tinha descoberto que a esfera tem exatamente dois terços do volume e da área da superfície do cilindro a ela circunscrito e considerou essa como a maior de suas realizações matemáticas.

Hoje, vemos a aplicação de teoria das alavancas em vários objetos, como tesouras, gangorras, aparelhos de academia e outros.

FIGURA 11

Fonte: figura de domínio público. Disponível em: http://geniosdaciencia.bioorbis.org/2019/04/arquimedes-de-siracusa.html. Acesso em: 30 jun. 2021

FÍSICA DAS ALAVANCAS

A força aplicada a uma das extremidades da alavanca, com o intuito de mover um objeto na outra extremidade, é inversamente proporcional à distância do ponto de apoio. Ou seja, quanto mais distante a extremidade estiver do ponto de apoio, menor será a força necessária para mover ou levantar um objeto.

As alavancas possuem basicamente 3 pontos importantes: o ponto de apoio **A**, o ponto da aplicação da força **F** e o ponto da resistência **R**. Esses três pontos ajudam na realização do trabalho que se pretende e formam a máquina simples.

Desde criança, sabemos que aquele que for mais leve, o menor ou mais magrinho, deve estar mais distante do ponto de apoio. Dessa forma, a distância entre a força aplicada por ele e o apoio é fundamental para aumentar o valor da força (no caso da gangorra, essa força é o peso da criança) e equilibrar a criança mais leve com a mais pesada.

Desenho representativo da gangorra, o indivíduo "mais leve" deve estar mais afastado do ponto de apoio

FIGURA 12

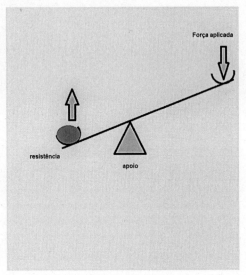

Fonte: a autora

Em uma gangorra, sabemos que o mais leve deve estar a uma distância maior do ponto de apoio.

No ensino de Ciências, classificamos as alavancas em três tipos, de acordo com a posição relativa entre o ponto de apoio, a força aplicada e a resistência. Esses 3 tipos são:

1. **Alavanca interfixa:** são aquelas em que o ponto de apoio está entre a força aplicada e a resistência, como no caso da gangorra.

Exemplos desse tipo de alavanca são as tesouras, os alicates.

FÍSICA: CASA E COZINHA

FIGURA 13

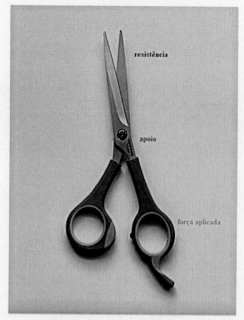

Fonte: foto de Raquel Joyner

FIGURA 14

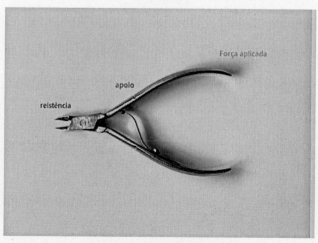

Fonte: foto de Raquel Joyner

FIGURA 15

Fonte: https://www.pexels.com/pt-br/procurar/pin%C3%A7as%20alicates/
Acesso em: 20 maio 2021

2. **Alavancas interpotentes**: são as que têm a força aplicada entre o ponto de apoio e a resistência. Como exemplo, temos as pinças, as varas de pescar, cortador de unhas, segurar uma bola na mão com o braço mantido a 90°.

FIGURA 16

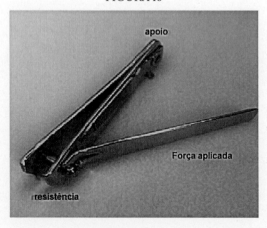

Fonte: a autora

3. **Alavanca inter-resistente:** a resistência está entre a força de aplicação e o ponto de apoio. Exemplos: quebra-nozes, carrinho de mão, abridor de garrafas e o movimento do ser humano de ficar apoiado nas pontas dos pés.

FIGURA 17

Fonte: foto modificada. Disponível em: https://www.pexels.com/pt-br/foto/curtido-maturado-agricultura-quintal-5490910/. Acesso em: 30 jun. 2021

FIGURA 18

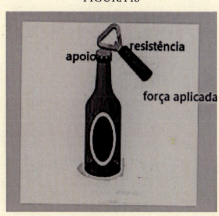

Fonte: a autora

OUTROS EXEMPLOS:

Agro bombas: são equipamentos de pressão que funcionam em poços artesianos, poços tubulares, esgotos pré-tratados, caixas d'água e afluentes, trabalhando dentro da água de maneira constante para realizar a captação de líquidos por bombeamento, sendo responsáveis por pressionar líquidos e captá-los para levar até a superfície.

Corpo humano: nosso corpo possui muitas alavancas, e graças ao funcionamento delas, podemos fazer determinados movimentos e realizar alguns trabalhos. Nesse caso, os ossos — representam as barras rígidas; as articulações — representam os eixos de rotação; os músculos — representam a força aplicada, por meio da contração; e a resistência ao movimento no corpo humano pode ser uma força externa, como a própria massa dos segmentos corporais, pesos aplicados, força da gravidade, entre outras.

FIGURA 19

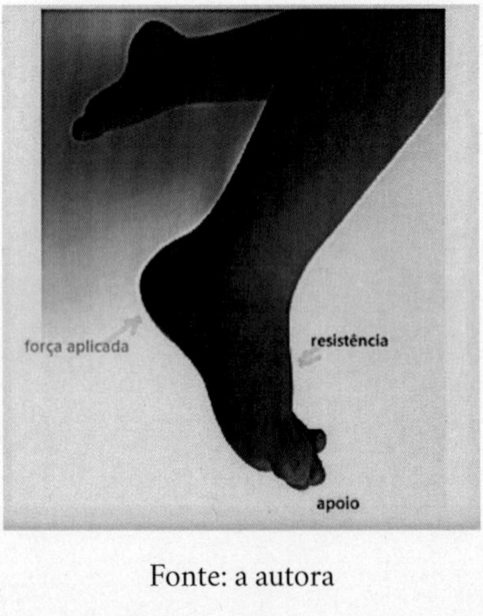

Fonte: a autora

Alavancas odontológicas: os tratamentos odontológicos também são variados e podem contar com o auxílio de equipamentos como as alavancas odontológicas. As alavancas odontológicas são instrumentos normalmente utilizados durante os processos de extração de dentes. Dentistas que conhecem bem como funcionam as alavancas utilizam de forma correta seu instrumental.

FIGURA 20

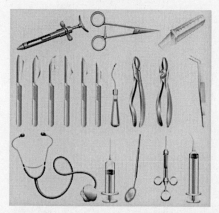

Fonte: Dental tools Free Vector. Disponível em: https://www.vecteezy.com/free-vector/vector". Acesso em: 6 jun. 2021

Torneiras em alavancas: essas alavancas estão presentes nas torneiras de cozinha e de banheiros, elas proporcionam suavidade e acessibilidade no uso doméstico ou comercial. São vários modelos de feitas de diferentes materiais e cores. Os modelos podem custar muito pouco (normalmente, as de plástico como a da foto a seguir) ou podem ter um preço bastante elevado, dependendo do material.

FIGURA 21

Fonte: a autora

Conhecer as alavancas deve te ajudar a entender por que devemos segurar corretamente um martelo, por exemplo, a força aplicada aumenta com o aumento da distância entre ela e o ponto de apoio ou de resistência.

FACILITE SEU TRABALHO, USE CORRETAMENTE AS ALAVANCAS!!!

LÂMPADAS:
A ILUMINAÇÃO ADEQUADA DO LAR

É muito fácil ficar confuso diante de tantas possibilidades em lâmpadas que encontramos atualmente no mercado. Para iluminar um ambiente, uma estrada, um campo esportivo ou mesmo um minúsculo cantinho de leitura são muitas as opções de lâmpadas. Qual é a que tem melhor custo benefício? Qual se harmoniza mais com o ambiente? Que lâmpadas provocam riscos à saúde? Conhecer as lâmpadas do mercado facilita a escolha da lâmpada ideal para cada ambiente.

FIGURA 22

Fonte: https://publicdomainvectors.org/en/free-clipart/Light-bulb-image/39229.html. Acesso em: 29 set. 2021

CURTO HISTÓRICO DAS LÂMPADAS

O famoso inventor Thomas Edison aperfeiçoou a ideia dos cientistas do século XIX, da emissão da luz e calor por meio da resistência elétrica percorrida por uma corrente elétrica em um filamento de metal, cujo desafio era manter a emissão de luz por mais tempo.

Em 1879, Thomas Edison conseguiu que as lâmpadas fossem produzidas em grande escala. Thomas e sua equipe de cientistas produziram as primeiras lâmpadas incandescentes, desenvolvidas por meio de carvão a vácuo, onde conseguiram uma boa iluminação com uma duração maior. Mais tarde, as lâmpadas foram aperfeiçoadas utilizando o filamento de tungstênio.

Em 1901, o americano Peter Cooper Hewitt patenteou a primeira lâmpada de vapor de mercúrio. Baseado nos princípios já conhecidos dos fenômenos da fluorescência e da fosforescência, criou o primeiro protótipo das lâmpadas fluorescentes. Mais tarde, em 1927, o alemão Edmund Germer foi credenciado por aprimorar a lâmpada fluorescente, substituindo as lâmpadas incandescentes, pois apresentaram melhor eficiência luminosa e menor emissão de calor.

FIGURA 23

Fonte: https://imagemdailha.com.br/blog/associacao-coleta-gratuitamente-lampadas-fluorescentes-usadas-em-florianopolis.html. Acesso em: 20 maio 2021

Em 1958, as lâmpadas halógenas foram introduzidas no mercado. São lâmpadas incandescentes com filamento de tungstênio contido em um gás inerte e uma pequena quantidade de elementos halogéneo como iodo ou bromo.

FIGURA 24

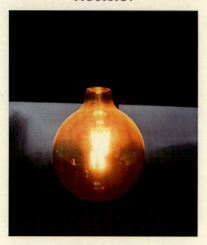

Fonte: a autora

Em 1989, foram lançadas as lâmpadas LED (Diodo Emissor de Luz). São as lâmpadas mais modernas do mercado, convertem quase toda energia elétrica em energia luminosa, sendo ainda mais eficientes quando comparadas com as lâmpadas fluorescentes. Além de ser um produto econômico, contribui para a sustentabilidade do meio ambiente, pois não possuem poluentes pesados, como mercúrio, e são feitas de 98% de materiais recicláveis.

FIGURA 25

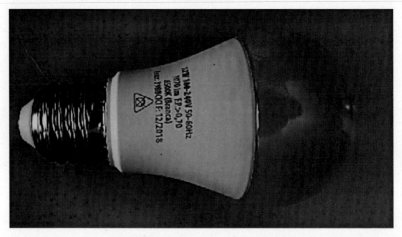

Fonte: a autora

FÍSICA DAS LÂMPADAS

As lâmpadas incandescentes: as lâmpadas incandescentes, são chamadas de "lâmpadas quentes" porque funcionam com um filamento, normalmente de tungstênio, em seu interior, e a passagem da corrente elétrica esquenta esse filamento a ponto de ele ficar incandescente, ou seja, atingir altas temperatura, entre 2 200°C e 2 700°C (em algumas lâmpadas especiais pode atingir mais de 3000°C). O interior dessas lâmpadas, geralmente, é também preenchido por gases como o argônio e o nitrogênio (esses gases servem para não "enferrujar" o tungstênio e fazer com que ele dure mais).

FIGURA 26

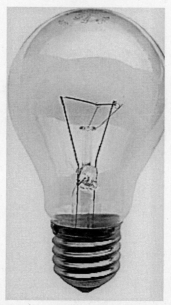

Fonte: https://pt.wikipedia.org/wiki/L%C3%A2mpada_incandescente. Acesso em: 29 jun. 2021

Outro tipo de lâmpada que também gera luz por meio de um filamento são as **halógenas**. As lâmpadas halógenas, assim como as incandescentes, possuem filamentos de tungstênio e gases em seu interior, mas têm, além disso, um pouquinho de iodo ou bromo, elementos chamados de halógenos ou halogêneos.

Por consumirem menos eletricidade que as lâmpadas incandescentes e terem um efeito de iluminação semelhante a elas, as lâmpadas halógenas atuam como uma espécie de substitutas das lâmpadas incandescentes desde a proibição da venda destas lâmpadas no Brasil.

As lâmpadas fluorescentes: as lâmpadas fluorescentes foram consideradas uma evolução em relação às incandescentes por consumirem cerca de 75% menos de eletricidade para iluminar a mesma coisa. Essas lâmpadas podem ser encontradas na forma tubular, circular ou compacta. A parte interna das lâmpadas fluorescentes tem a superfície coberta por um pó (por isso, elas são brancas) que é responsável por atrair os elétrons e fazê-los circular dentro da lâmpada gerando luz. As fluorescentes compactas são as mais utilizadas em ambientes domésticos, já as tubulares são indicadas para ambientes maiores, como os de uma fábrica ou um escritório, por exemplo, embora ainda sejam encontradas em várias cozinhas de casas. As compactas normalmente aparecem em dois formatos, em espiral ou na forma mostrada na figura a seguir.

As lâmpadas fluorescentes possuem a superfície coberta por um pó que atrai os elétrons gerando luz

FIGURA 27

Fonte: a autora

As lâmpadas LED: as lâmpadas de LED (Light Emitting Diode), que quer dizer diodo emissor de luz, são as campeãs em eficiência. O diodo é uma "plaquinha" que conduz eletricidade somente em um sentido. O LED é basicamente um diodo que emite luz quando essa corrente elétrica passa por dentro dele. Uma lâmpada de LED é um conjunto de vários diodos emissores de luz — eles estão localizados sobre uma superfície dentro daquela parte branca de plástico e que divide a lâmpada ao meio, a metade de baixo. Esses LEDs estão ligados em um circuito elétrico, portanto, se um deles queimar, a lâmpada toda irá parar de funcionar. Há, hoje, no mercado, uma diversidade imensa de lâmpadas de LED que vão de cordões e fitas, passando pelo formato tradicional em bulbo até as LEDs inteligentes que podem ser controladas por meio de um aplicativo instalado em celulares ou tablets.

FIGURA 28

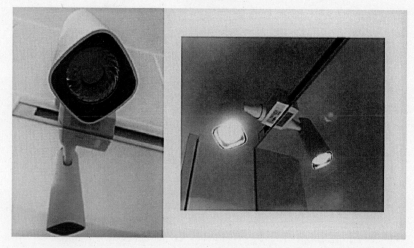

Fonte: a autora

O trabalho de criação das lâmpadas LED azuis rendeu o prêmio Nobel de Física em 2014 a três cientistas japoneses: Isamu Akasaki, Hiroshi Amano e Shuji Nakamura, e desde então têm sido muito difundidas.

CUIDADO

Como a luz azul é muito energética, as células da retina têm dificuldades em gerenciar toda essa energia, comparando com uma luz menos potente, e isso pode atingir a saúde humana, principalmente das crianças. Estudos envolvendo físicos e médicos apontam para o perigo da longa exposição aos tablets e celulares durante a noite. As consequências dessa exposição, segundo esses estudos, compreendem os distúrbios do sono e ritmo circadiano, ou relógio biológico. Além disso, alguns estudos relacionam uma incidência mais precoce de doenças ligadas à idade, como a Degeneração Macular, pelo esgotamento dos recursos de reparação da retina, a submetendo de noite a uma luz de forte energia.

Os dermatologistas recomendam o uso diário do filtro solar considerando a exposição à luz nas residências e ambientes de trabalho, além dos aparelhos eletrônicos, como televisão, computadores e celulares que podem causar manchas e envelhecimento da pele. Diminuir ou evitar o uso de aparelhos que fiquem muito próximos à pele, como smartphones, tablets ou notebooks.

COMO ESCOLHER A MELHOR LÂMPADA?

Ao escolher a melhor lâmpada devemos considerar primeiramente se o modelo da lâmpada LED possui certificado e garantia de retorno em caso de problemas. Cuidado com as lâmpadas baratas! Em segundo lugar, a luz para cada cômodo da sua casa deve ser escolhida separadamente, considerando o nível de iluminação desejado.

Levando em conta:

- **POTÊNCIA:** a potência das lâmpadas de LED é muito maior do que a de outros tipos de lâmpadas: 1 Watt da LED equivale a 10 watts da incandescente ou halógena. Dessa forma, uma lâmpada LED de 5 watts já é suficiente para iluminar um cômodo da sua casa.

- **VOLTAGEM:** a voltagem das lâmpadas LED em 12, 110 ou 220 volts, ou ainda modelos bivolt. Para saber qual a voltagem a ser escolhida, você terá que verificar a tensão compatível com a rede elétrica da sua região, as LED bivolts funcionam tanto 110 quanto 220 volts.

- **CONECTORES:** a conexão com um lustre, luminária ou spot.

- **IRC:** Índice de Reprodução de Cor, o qual representa a capacidade da lâmpada para reproduzir fielmente as cores no ambiente e é medido em uma escala de 0 a 100, que tem como referência máxima a lâmpada incandescente. Se o IRC for abaixo de 25 na escala, não são confiáveis para verificar as cores reais de um objeto

- **COR DA LUZ:** torna um ambiente da casa mais aconchegante ou mais reativo. Isso porque a luz pode harmonizar com as cores dos móveis e paredes e transmitir uma sensação de tranquilidade ou atividade. As lâmpadas LED apresentam um bom leque de opções. Elas podem ser neutras, que emitem um tom parecido com a luz natural, ou coloridas, como azul, vermelho e verde.

A cada cor de luz é associada uma temperatura, em Kelvins. Para entender essa relação, basta observar a luz das velas ou mesmo do fogão de gás. A chama da vela é avermelhada, a cor vermelha tem temperatura mais baixa, por isso, podemos passar a mão sobre a chama da vela sem se queimar. Já a luz azul tem a temperatura mais alta, a chama do fogão bem forte é azulada. A temperatura medida em Kelvin é bastante acadêmica, somos habituados com a temperatura medida em graus Celsius. A relação é a seguinte:

T = temperatura em Kelvin e C = temperatura em Celsius ou centígrados.

C = T − 273

Para 1000 K, temos: C = 1000 - 273 = 727 °C

EM CADA AMBIENTE, QUE LÂMPADA ESCOLHER?

Os modelos recomendados variam de acordo com o ambiente, algumas sugestões são:

- **Cozinha e banheiros:** as lâmpadas LED de cor branca e de alta potência são as mais recomendadas, pois esse cômodo da casa deve ser bem iluminado para não gerar sombra e, com isso, desconforto na hora de preparar os alimentos.

- **Salas, quartos e varandas:** a luz amarela, entre 2.600k e 3.000k, para esses ambientes tornando-os mais aconchegantes. Nunca colocar pontos em cima do sofá, de poltronas ou pufes, pois pode incomodar as pessoas que sentarem logo abaixo daquele foco de luz.

CONSUMO:

LÂMPADAS	LED	FLUORES-CENTE	HALÓGENA	INCANDES-CENTE
POTÊNCIA CONSUMIDA	10 W	15 W	42 W	60 W
DURABILIDADE MÉDIA	15.000 h	6.000 h	1.500 h	1.000 h
ECONOMIA DE ENERGIA	83 %	75 %	30 %	0 %

RESUMO

As lâmpadas de LED são consideradas o futuro da iluminação. Isso se justifica pelas enormes e variadas vantagens que esse tipo de lâmpada tem, quando comparada às demais lâmpadas.

Tempo de vida útil – possuem um tempo de vida útil em média de 50 mil horas. Se ligado durante 8 horas por dia, alcança até 17 anos de uso. Comparado, por exemplo, com uma lâmpada Fluorescente Compacta, esse tempo chega no máximo a 10 mil horas (fonte: Inmetro).

Depreciação luminosa – praticamente não altera o brilho com o seu uso. Uma Fluorescente Compacta chega a perder 84% do seu fluxo luminoso após duas mil horas de uso (fonte: Inmetro).

Economia de energia – as lâmpadas de LED podem economizar muito mais energia do que outras lâmpadas convencionais;

Não gera calor – como não emitem raio infravermelho, não geram calor, ou seja, a superfície iluminada por LED fica na temperatura ambiente.

Ecologicamente correta – essas lâmpadas não contêm vapor de mercúrio, chumbo, não emitem raio ultravioleta, o que faz com que, consequentemente, não atraiam mosquitos e outros insetos. O seu descarte pode ser feito diretamente no lixo comum, sendo posteriormente encaminhado para reciclagem, sem nenhum procedimento especial.

A iluminação da casa deve ser planejada, de maneira que se aproveite a iluminação natural pelo maior tempo possível e se utilize as lâmpadas mais convenientes com o ambiente. O leque de escolha é grande e com calma e bom senso se pode obter benefícios com o conhecimento das opções disponíveis.

> **"NA NATUREZA, A LUZ CRIA A COR; NO QUADRO, A COR CRIA A LUZ. CADA TOM DE COR EMANA UMA LUZ MUITO CARACTERÍSTICA - NENHUM SUBSTITUTO É POSSÍVEL."**
>
> **HANS HOFMANN**

FOGÃO DE INDUÇÃO:
UMA BOA OPÇÃO?

Alguns chefs de cozinha o idolatram, outros o condenam.

O fogão de indução, muito usado nas cozinhas atuais, funciona por meio da corrente elétrica que aquece a panela circula diretamente por seu metal, produzindo um aquecimento uniforme. Segundo os orientais, é inigualável para produzir o tradicional arroz que eles consomem. Alguns chefs de cozinha o idolatram, outros o condenam.

FIGURA 29

Fonte: foto de Raquel Joyner

BREVE HISTÓRICO DO FOGÃO

Em 1810, o gás obtido a partir de carvão passou a ser utilizado para a iluminação pública e, em 1826, o inglês James Sharp criou um fogão a gás para uso próprio, que depois patenteou e começou a produzir em 1836. Porém, foi Alexis Benoist Soyer, um chefe de cozinha francês radicado na Inglaterra, que popularizou seu uso na cozinha, afirmando ser mais econômico e limpo, pois podia ser ligado apenas para a confecção dos alimentos, sendo desligado em seguida, além de não emitir fumaça.

Em 1892, surgiu o fogão elétrico criado pelo canadense Thomas Ahearn, ele ficou famoso ao estrear sua invenção cozinhando uma refeição toda num fogão elétrico no hotel Windsor, em Ottawa. Em torno de 1930, as cidades americanas ganharam eletricidade e a novidade tomou conta dos fogões.

Nos anos de 1940, inspirados pelos contornos aerodinâmicos dos aviões, trens e automóveis, os fogões tiveram seus pés reduzidos ou simplesmente retirados. Também ganharam curvas, acoplaram-se às bancadas de trabalho e, anos mais tarde, vieram com *timers* e controles automáticos.

Em 1970, iniciou-se a utilização do fogão por indução na cozinha, a partir da Westinghouse. Composto por um sistema de bobinas sob o vidro do tampo, ele aquecia apenas quando uma panela de metal tocava o queimador. Foram logo utilizados na Áustria e Alemanha. Depois foram lançados diversos produtos, e ele se popularizou principalmente pelo consumo no Japão, Tailândia e outros países em que o consumo do arroz como alimento é elevado.

A partir de então, as "amenidades" nos fogões não pararam de surgir. Nos anos 1990, vieram os queimadores selados, os botões eletrônicos e os fornos autolimpantes. Em 1997, os fogões mais modernos eleitos por uma publicação especializada italiana dispunham de superfícies lisas de vidro; pelas quais as panelas deslizavam. Boilers (espécie de grelhas) que cozinhavam até 1500ºF (aproximadamente 816ºC*), grill, fornos de convecção e defumadores.

* Para transformar graus Celsius, **C** (como se usa medir a temperatura no Brasil), em graus Fahrenheit, **F** (como se usa medir a temperatura nos países de língua inglês), fazemos a seguinte conta:

$$\frac{C}{5} = \frac{F-32}{9}$$

$$\frac{C}{5} = \frac{1500-32}{9}$$

Fazendo as contas (1500-32): 9x5 o resultado é aproximadamente 816°C

FÍSICA DO FOGÃO DE INDUÇÃO

No ano de 1831, Michael Faraday descobriu o fenômeno da **indução eletromagnética**, ou seja, quando há um fluxo do campo magnético, esse movimento induz a corrente elétrica em um fio. É a forma de "produzir corrente elétrica" quando se tem um campo magnético, como uma bobina. Exemplos de aparelhos que funcionam por meio da indução eletromagnética, que transformam energia mecânica em energia elétrica, como o dínamo, são: os geradores de corrente alternada, os transformadores e os motores elétricos.

O movimento do imã induz a corrente elétrica, esse fenômeno é conhecido como indução eletromagnética e é a base de um motor elétrico

FIGURA 30

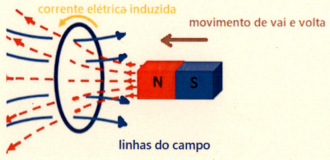

Fonte: a autora

No meio onde a corrente elétrica se movimenta, há uma resistência ao movimento dos elétrons e essa resistência aparece na forma de calor (efeito de aquecimento Joule). Portanto, para que haja o aquecimento é necessário: a mudança no campo magnético e um material eletricamente condutível colocado num campo magnético. Os fogões por indução utilizam esse princípio para produzir calor.

Assim, para que ocorra indução térmica, o material que se pretende aquecer tem que ser ferroso. Ou, caso não seja, ele tem que estar dentro de algum que seja. Em um fogão de indução, por exemplo, é essencial que as panelas sejam apropriadas. Caso contrário, o alimento que estiver em seu interior não vai esquentar.

Outra vantagem é o aproveitamento energético. Uma vez que é a corrente que percorre o material que vai aquecer o recipiente, praticamente toda a energia da corrente geradora da indução é usada no efeito Joule de aquecimento.

A vantagem desse tipo de aquecimento é a segurança de que, por maior que seja a corrente que o percorra, ele só vai aquecer produtos cujo material seja apropriado, diminuindo as chances de queimaduras e acidentes relacionados.

O *cooktop* de indução gera calor por ondas eletromagnéticas que saem de uma corrente elétrica gerada por uma bobina de cobre que fica dentro dele. Em outras palavras, vale dizer que ele só esquenta o que é compatível, ou seja: o que tem um campo magnético.

FOGÃO DE INDUÇÃO

O fogão de indução, muito usado nas cozinhas atuais, funciona por meio da corrente elétrica que aquece a panela circula diretamente por seu metal, produzindo um aquecimento uniforme. Segundo os orientais, é inigualável para produzir o tradicional arroz que eles consomem.

FIGURA 31

Fonte: a autora

PANELAS QUE SE DEVE USAR

Panelas de aço inox, ferro fundido e fundo triplo são as opções adequadas para fogão de indução. Quanto mais reto e sem curvas for a sua panela, melhor é a cocção dos alimentos e o funcionamento do sistema de aquecimento. Por funcionar por meio de ondas eletromagnéticas, as panelas usadas no *cooktop* por indução precisam ser capazes de transmitirem correntes magnéticas para gerar calor, por isso, é imprescindível o uso de panelas feitas de materiais com essa capacidade

PANELAS QUE NÃO SE DEVE USAR

Panelas de vidro, de barro ou de cobre não funcionam no *cooktop* por indução, pois são feitas com materiais que não transmitem correntes eletromagnéticas e, por isso, não conseguem gerar calor para esquentar os alimentos. As panelas de cerâmica, que têm conquistado os amantes de cozinha por serem bonitas e práticas, também não podem ser usadas no fogão por indução, a menos que sejam especiais para isso: hoje em dia existem modelos próprios para serem usados no *cooktop*, pois para funcionarem precisam ter uma camada de indução revestida no fundo interno que possibilite a formação de calor.

CONSUMO

Um fogão elétrico tem uma potência média de 6000W, enquanto os modelos de fogão por indução consomem um pouco mais, cerca de 7500W. Lembrando que a energia elétrica gasta depende da potência e do tempo de uso.

VANTAGENS

Também é essa tecnologia que faz o fogão de indução ser mais seguro, já que ele não esquenta a ponto de queimar a sua mão, caso você toque nas bocas durante o uso.

Além da reconhecida segurança, precisão, rapidez e eficiência, são econômicos, zero de desperdício de energia, e, ainda, são práticos, fáceis de usar e de limpar.

PERGUNTAS E RESPOSTAS

FOGÕES POR INDUÇÃO PODEM QUEIMAR A MÃO?

Não. Um fogão por indução, quando ligado, não produz calor. Você pode colocar a mão sobre ele e nada acontecerá. Isso, porém, não se aplica se o fogão tiver sido usado recentemente — afinal, uma panela quente estava sobre o vidro — ou, ainda, se você tiver um anel de ferro ou aço inox em um dedo da sua mão.

A PANELA SOBRE UM FOGÃO DE INDUÇÃO PODE DAR CHOQUE?

A resposta é não, porque a panela age como uma bobina de espiral única, fazendo com que o conjunto fogão por indução/panela funcione como um transformador elétrico redutor de tensão. Como essa tensão é baixa, é insuficiente para superar a resistência elétrica do corpo humano, que é o que causaria o choque.

UM FOGÃO POR INDUÇÃO É MELHOR DO QUE UM CONVENCIONAL?

Isso é algo subjetivo. Em termos técnicos e de aproveitamento de energia, sim, um fogão por indução é melhor do que o convencional. Além disso, ele faz com que a panela esquente mais rápido do que em um fogão a gás, além de permitir um controle mais preciso da temperatura de cozimento. O lado ruim é que eles são consideravelmente mais caros do que um fogão convencional. E também é preciso considerar que usá-los implica em ter um consumo maior de energia elétrica.

CUIDADOS

- Sempre tomar muito cuidado: mesmo que não haja fogo visível, a superfície esquenta e pode causar queimaduras na pele — por isso, alguns modelos têm o recurso indicador de quentura.

- O cuidado ainda é necessário porque as panelas ficam quentes, mas o risco de acidentes é bem reduzido.

- A instalação do *cooktop* por indução deve ser feita por um profissional que vai ligar o aparelho direto na rede elétrica da casa, sem a necessidade de tomadas.

> "NINGUÉM COZINHA SOZINHO. MESMO NO MOMENTO MAIS SOLITÁRIO, A COZINHA É CERCADA POR GERAÇÕES DE COZINHEIROS PASSADOS."
>
> **LAURIE COLWIN**

GARRAFA TÉRMICA:
CONSERVAR QUENTE OU FRIO?

As garrafas térmicas são usadas para impedir a troca de calor entre seu conteúdo e o meio ambiente. São fáceis de produzir, existem vários tipos e tamanhos e, devido ainda a utilidade e facilidade de manejo, são usadas em casa, no trabalho, nas academias, passeios, viagens, enfim, um amplo emprego. As mais conhecidas são as de uso doméstico, que servem para manter os líquidos quentes ou frios por longos períodos de tempo.

HISTÓRIA DA GARRAFA TÉRMICA

Cabe ao alemão Reinhold Burger (1866-1954) o mérito de ter desenvolvido e lançado no mercado a garrafa térmica para uso doméstico, em 1903.

FIGURA 32

Fonte: imagem de domínio publico

Assim como a maioria das invenções, a garrafa térmica tem uma história contraditória. Foi o físico e químico inglês James Dewar (1842-1923) quem inventou o sistema de isolamento a vácuo, que é o princípio da garrafa térmica.

Ao inventar o princípio da garrafa térmica, em 1890, Dewar pretendia apenas isolar e conservar soluções em laboratório. Ele não pensou em patentear sua criação, considerando que se tratava de um presente para a humanidade.

No dia 1º de outubro de 1903, o alemão Reinhold Burger, um fabricante de vidros de Glashütte, patenteou a garrafa térmica para uso doméstico. Ele chamou-a de "Thermos". As vantagens desse novo produto, destinado a conservar o calor e o frio, foram descobertas inicialmente pelos nobres e burgueses. As garrafas térmicas passaram a ser indispensáveis nas caças, passeios de automóveis e de balão e como acessório de viagens.

Enfrentando dificuldades para comercializar o seu produto, Reinhold Burger vendeu os direitos de sua firma — a Thermos

AG — à American Thermos Bottle Company. Os americanos logo começaram a produzir a garrafa térmica em escala industrial, ganhando assim muito dinheiro e popularizando a invenção.

FÍSICA DA GARRAFA TÉRMICA

Calor é o nome que se dá à energia trocada entre diferentes corpos, o conceito cientifico de calor é bem diverso daquele que usamos cotidianamente. Quando dizemos: hoje está calor, deveríamos dizer: hoje a temperatura está alta. Calor e temperatura são, portanto, conceitos que se confundem.

Entretanto, para compreendermos o funcionamento de uma garrafa térmica basta-nos saber como ela evita a transmissão de energia pelos três processos de trocas de calo. São eles:

- **Convecção**: é a propagação de calor em meios líquidos ou gasosos, que ocorre pela diferença de densidade entre as partes componentes de um sistema; por exemplo: o ar quente, menos denso que o ar frio, tende a subir formando correntes de ar, ventos. Esse movimento do ar se chama convecção e provoca mudança de temperatura.

- **Condução:** é a transferência de energia térmica entre as partículas que constituem de um material, em geral bom condutor térmico, em virtude da diferença de temperatura.

- **Irradiação:** é a propagação de calor que ocorre sem que haja contato entre os corpos, assim o calor propaga-se por meio de ondas eletromagnéticas. Um exemplo é o fato de o Sol aquecer a Terra mesmo a uma enorme distância.

Observe na figura a seguir a representação da condução (no meio material, ou seja, na panela e evitando a condução nos cabos), a convecção (representada pelo movimento do líquido dentro da panela ao ser aquecida, a parte debaixo se torna menos densa e tende a subir e a parte mais alta tende a descer) e a radiação ou irradiação que ocorre ao redor da chama.

Os cabos da panela são normalemnte de material não condutor

FIGURA 33

Fonte: a autora

A garrafa térmica é construída de forma a evitar a esses processos de trocas de calor entre seu interior e o meio externo.

FIGURA 34

Fonte: a autora

Mas é claro que as temperaturas se igualam com o tempo, pois não existe vácuo absoluto e nem espelhos 100% refletores.

Para se manter um café quente um período mais longo dentro da garrafa, antes de colocar o café, aquecemos as paredes internas colocando primeiro água fervente dentro, aguardamos um pouco, tiramos a água e colocamos o café quentinho.

CURIOSIDADES

- Desde dezembro de 2010, as garrafas térmicas têm sido alvo de inspeções minuciosas nos aeroportos do mundo, por causa da ameaça delas serem utilizadas para esconder e transportar explosivos ou outros tipos de materiais ilegais, pois garrafas térmicas falsas, podem ter suas paredes interiores feitas de materiais que "enganem" os raios-x.

- O centenário da patente da garrafa térmica foi comemorado em 2003 com uma exposição no museu de Glashütte (Museumsdorf Glashütte), pequena cidade do Leste da Alemanha, onde se produz vidro desde o século 13. A exposição mostrou os fundamentos técnicos da garrafa térmica, reproduzindo a oficina original de Reinhold Burger. O visitante teve a oportunidade de conhecer os métodos e ferramentas para se produzir vidro, no início do século 20: o forno para esquentar o vidro, o tubo e o bocal para soprar as pequenas peças e um gigantesco fole suprir de ar o forno.

- O princípio da garrafa térmica é ainda o mesmo de há mais de 100 anos. Só o nome teve de mudar. O termo alemão "Thermosflache" (garrafa térmica) teve de ser substituído por "Isolierflasche" (garrafa isolante), pois a patente do nome foi comprada por uma empresa japonesa.

Para manter seu cafezinho quentinho por mais tempo, não se esqueça de "lavar" antes o interior da garrafa térmica com água bem quente, assim você já evita que seu café perca calor para as paredes internas da garrafa.

QUE TAL UM CAFEZINHO AGORA?

GELADEIRAS:
CONSERVAR PARA DURAR

Desde os primórdios da civilização, se conhece a importância de esfriar os alimentos para a sua conservação. A geladeira que existe em quase todas as cozinhas é uma das grandes invenções da vida moderna. Sem geladeira, a única forma de conservar os alimentos seria salgando-os, e bebidas geladas no verão seriam um verdadeiro luxo.

A refrigeração é fundamental para diminuir a velocidade da atividade das bactérias dos alimentos fazendo com que elas demorem mais para estragá-los.

Saber usar adequadamente a sua geladeira vai te poupar energia elétrica e melhor refrigeração dos alimentos.

FIGURA 35

Fonte: foto de Rafael Campos. Geladeira personalizada

HISTÓRIA DAS GELADEIRAS

No ano de 1748, na Universidade de Glasgow, o britânico Willian Cullen demonstrou um sistema de refrigeração artificial, mas nunca elaborou um plano para que fosse usado de maneira prática. O responsável por esse feito foi o americano Oliver Evans, que em 1834 criou a primeira máquina prática para refrigeração.

Uma década depois, o médico e inventor americano John Gorrie utilizou uma versão sofisticada do refrigerador a vapor para produzir gelo e refrescar o ar de pacientes com febre amarela. Era a primeira aplicação da geladeira na medicina, que transformaria para sempre esse importante âmbito da ciência.

Em 1857, o australiano James Harrison foi contratado por uma empresa alimentícia para criar o primeiro dispositivo de refrigeração capaz de conservar alimentos. O objetivo era utilizá-lo para produção da adorada cerveja. A máquina foi um sucesso e mudou os processos da indústria. Nesse mesmo ano de 1857, foi construído o primeiro vagão de trem refrigerado para transporte de carnes, em Chicago, o que revolucionou o comércio de alimentos. A esse ponto, o equipamento já chamava a atenção de desenvolvedores para que pudesse ser utilizado em casa, conservando itens perecíveis para o consumo familiar.

Em 1913, foi lançado o primeiro refrigerador doméstico, como todos os eletrodomésticos com o passar dos anos tem sido aprimorado sempre em busca praticidade e economia.

FÍSICA DA GELADEIRA

Em física, o funcionamento de um refrigerador é chamado de **Máquina Térmica**, ou seja, funciona em ciclos que ocorrem com a variação de pressão e de temperatura. Para compreender o que se passa com o fluido refrigerante (fréon, que passa por uma mudança de fase de líquido para gás), fazemos uma analogia com o desodorante spray. O fluido se encontra no estado líquido dentro do tubo e ao pressionarmos o spray, a pressão aumenta e o fluido sai na forma gasosa, se expandindo e resfriando o ar com a expansão. Por isso, sentimos o desodorante geladinho no corpo.

Para isso, a geladeira dispõe, além do fluido refrigerante, dos seguintes elementos:

- Compressor: funciona como uma bomba de sucção que retira o fluido do ramo da tubulação que o antecede (reduzindo a pressão) e injeta esse fluido no ramo da tubulação que o sucede (aumentando a pressão).

- Condensador: trata-se de uma serpentina externa, localizada na parte de trás da geladeira, na qual o vapor se liquefaz, e que é responsável por liberar calor para o ambiente.

- Tubo capilar: é responsável por diminuir a pressão do vapor do fluido.

- Evaporador: é composto por um tubo em forma de serpentina acoplado ao congelador. Para passar ao estado gasoso, o fluido absorve energia na forma de calor do congelador e, ao abandonar o evaporador, chega ao compressor, recomeçando o ciclo.

- Congelador: localiza-se na parte superior do refrigerador para facilitar a formação de correntes de convecção internas, permitindo a mistura do ar à baixa temperatura do congelador e de sua vizinhança com o ar à temperatura mais elevada das outras partes.

FIGURA 36

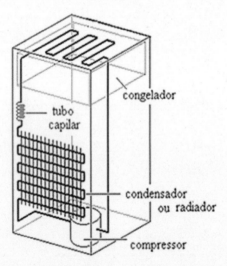

Fonte: https://www.sofisica.com.br/conteudos/curiosidades/refrigeradores. php. Acesso em: 30 jun. 2021

A figura mostra o circuito da substância responsável pelo resfriamento dos alimentos do refrigerador: o "Fréon 12" (gás derivado do metano que é altamente inflamável e que pode ser encontrado também nos recipientes aerossóis). O gás percorre o circuito montado e sua função é retirar o calor dos alimentos que são colocados dentro da geladeira e jogá-lo para fora. Por isso, a parte de trás da geladeira é quente, pois ela recebe o calor retirado do interior da geladeira. **Como é possível o mais frio aquecer o mais quente?**

A geladeira funciona em ciclos. O motor da geladeira liga e desliga, geralmente de quinze em quinze minutos. O mecanismo funciona quando a temperatura interior for maior que a escolhida, então, o fluido, que está armazenado em alta pressão, é movimentado por tubos pela ação de um compressor. O compressor impulsiona o fluido, forçando sua passagem num estreitamento da tubulação, no qual ele se vaporiza e se expande resfriando o interior da geladeira.

A troca de calor entre a serpentina na qual circula o fluido gaseificado e o ar contido na câmera faz com que ocorra a absorção do calor (energia em movimento) do interior do refrigerador, levando assim ao seu esfriamento. Por outro lado, esse caminho faz com que o gás tenha a sua temperatura aumentada. Ele retorna então ao compressor, onde é submetido a uma alta pressão e volta a ser líquido. Esse ciclo continua indefinidamente. A temperatura média de uma geladeira doméstica em geral está entre 5 e 10°C e a parte do freezer pode atingir até cerca de -17°C.

A geladeira *frost free* é um modelo de refrigerador mais moderno que possui um mecanismo automático de degelo. Isto é, essas geladeiras possuem um dispositivo que, de tempos em tempos, derrete o gelo formado no refrigerador, impedindo seu acúmulo. A água derretida é transportada para um reservatório localizado perto do compressor, que evapora essa água e a envia de volta, como vapor frio, para dentro do aparelho. Essa tecnologia facilita bastante a limpeza e garante uma melhor performance do refrigerador.

A capacidade da geladeira e a tecnologia aplicada em sua fabricação influenciam no consumo. Geladeiras maiores, *frost-free*, ou com o congelador na parte inferior normalmente consomem mais energia.

O freezer também pode estar acoplado verticalmente ao lado da geladeira.

FIGURA 37

Fonte: foto de Raquel Joyner

CONSUMO

Mesmo entre aparelhos avaliados como "nível A", há variações significativas de consumo que podem ser consultadas antes da aquisição do produto nos sites oficiais correspondentes. Isso acontece por causa da diferença de potência. Enquanto geladeiras mais comuns têm potência média de 45 a 150 watts, as geladeiras duplex têm potência, em geral, de 250W.

Regular a temperatura de acordo com a estação do ano e abrir a porta só quando necessário também são recomendações que precisam ser observadas. Toda vez que abrimos a porta, o ar quente entra e o motor precisa trabalhar mais para retornar à faixa dos 3° C a 5° C na geladeira, -15° C no congelador. Pelo mesmo motivo, colocar alimentos ainda quentes dentro da geladeira e deixar fresta na porta por causa da borracha já ressecada são situações que aumentam o consumo de energia.

A forma de uso do aparelho também influencia no resultado da conta. O refrigerador deve ser instalado em local bem ventilado, afastado das fontes de calor, como o fogão ou a luz do sol. Para que a placa na parte de trás do refrigerador possa expelir o calor, é recomendado deixar um mínimo de três centímetros livres nos lados e oito centímetros livres nos fundos.

LIMPEZA E DEGELO

Geladeiras comuns: quando o congelador fica com muito gelo é hora de fazer o degelo para não gastar mais energia ou sobrecarregar a geladeira e o congelador. Precisamos:

1. Tirar a geladeira da tomada.

2. Esperar que todo gelo derreta.

3. Recolher toda água derretida da bandeja.

Geladeiras de degelo seco: acionando o botão de degelo basta apertar um botão e aguardar. Enquanto isso, o compressor desliga e religa ao final do degelo, a água cai em uma bandeja e evapora.

O processo é automático.

Cycle Defrost: o processo é uma combinação do degelo manual com o degelo seco. No freezer é manual e na geladeira é seco.

Frost Free: o sistema *Frost Free* não necessita de degelo, isso porque ele acontece automaticamente, essas geladeiras não acumulam gelo no freezer.

A refrigeração é mais rápida e homogênea.

CUIDADOS NO USO DIÁRIO:

- Manter a geladeira sempre limpa. Pelo menos uma vez por mês, remova todos os itens e faça uma limpeza completa por dentro e por fora.

- Evitar abrir a porta (e deixá-la aberta) sem necessidade, pois prejudica a refrigeração.

- Não obstruir a ventilação do motor da geladeira. Não secar roupas na parte de trás!

- Procure manter o termostato da sua geladeira sempre regulado conforme a estação do ano e as necessidades de uso.

- Nada de colocar "toalhinhas" ou qualquer item que prejudique a ventilação interna do ar.

- O calor não é um amigo da sua geladeira. Evite colocar alimentos quentes dentro do refrigerador e jamais deixe fontes de calor, como o fogão, próximas ao aparelho.

- Posicionar os alimentos conforme as necessidades (alimentos mais sensíveis na parte de baixo, onde as temperaturas são mais altas, e os mais perecíveis na parte de cima, onde as temperaturas são mais baixas).

- Não acumular sujeira, ou mesmo o desgaste do uso, pode fazer com que a borracha perca sua propriedade de vedação e a porta não feche direito (e até abra sozinha), portanto, é importante fazer a limpeza da borracha e trocá-la quando necessário.

Certamente a vida não seria a mesma sem um sorvete, pois se o dia está ruim, tudo o que você precisa é de um sorvete.

> **"O SORVETE É O MELHOR REFRESCO PARA A ALMA, PARA A VIDA!"**
>
> **DENISE CAMPOS**

MICRO-ONDAS:
ALGUMA RESTRIÇÃO?

O forno de micro-ondas, por ser muito prático, faz parte da rotina de milhões de pessoas permitindo o cozimento ou o aquecimento rápido de alimentos. Apesar de sua utilidade, para alguns usuários, ainda prevalece o mito do alimento nele preparado fazer mal à saúde. Existe alguma verdade no receio de usar o micro-ondas? Tire suas conclusões 😉.

HISTÓRIA DO MICRO-ONDAS

Em 1940, os ingleses John Turton Randall e Harry Boot criam o magnetron (dispositivo que utiliza a interação de um fluxo de elétrons, guiado por um campo magnético, para produzir radiação de micro-ondas). A tecnologia serviu para revolucionar os radares na 2ª Guerra Mundial.

Em 1945, o americano Percy Spencer reparou que radares derretiam chocolate, e que o magnetron servia para cozinhar. A empresa Raytheon patenteou a tecnologia.

Em 1947, foi construído o primeiro forno de micro-ondas comercial, o Radarange que tinha 1,8 m de altura, 340 kg e custava o equivalente a US$ 50 mil (hoje cerca de 250 mil reais!).

Em 1967, chegou o Radarange "portátil", para mesas e balcões, com 55 cm de largura e 38 cm de altura. Este foi o primeiro modelo moderno comercializado. Ele cozinhava um hambúrguer em 60 segundos, com um preço bem mais acessível. No Brasil, o micro-ondas começou a ser comercializado na década de 90.

FIGURA 38

Fonte: https://super.abril.com.br/mundo-estranho/a-historia-do-micro-ondas/. Acesso em: 14 jan. 2021

FÍSICA DO MICRO-ONDAS

As ondas eletromagnéticas podem ser ionizantes (raios gama, raios x, UV) e não ionizantes (ondas de rádio, TV, FM, micro-ondas). As radiações ionizantes são capazes de alcançar o núcleo das células humanas e podem causar sérias doenças, como câncer. Entretanto, as ondas não ionizantes são menos penetrantes, geralmente não ultrapassam a pele humana e por isso seus efeitos para a saúde não são tão perigosos. A figura a seguir mostra o conhecido espectro das radiações.

FIGURA 39

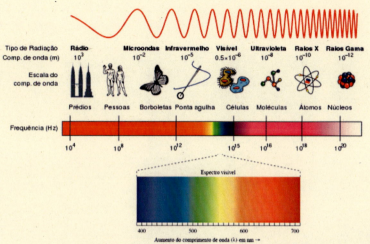

Fonte: imagem modificada de Thepalerider, 2012, CC-BY-SA-3.0. O espectro eletromagnético. Disponível em: https://commons.wikimedia.org/wiki/File:Espectro_Eletromagn%C3%A9tico.png. Acesso em: 19 out. 2019

No interior do forno de micro-ondas, as ondas eletromagnéticas de frequência próxima a 2.450 MHz são geradas por um magnetron e irradiadas por um ventilador de metal, localizado na parte superior do aparelho, para o seu interior. Por meio do processo de ressonância, as moléculas de água existentes nos alimentos absorvem essas ondas, as quais fazem aumentar a agitação delas, provocando assim o aquecimento dos alimentos de fora para dentro, veja o esquema a seguir:

FIGURA 40

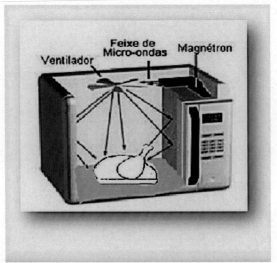

Fonte: figura de domínio público modificada pela autora

O prato giratório que esses fornos possuem serve para garantir uma distribuição mais uniforme da radiação eletromagnética sobre todo alimento. As ondas eletromagnéticas aquecem de fora para dentro, agitando as moléculas de água e de gordura.

O forno micro-ondas é como qualquer outro forno, a única diferença dele para os fornos convencionais é que ele aquece os alimentos por meio da propagação da radiação eletromagnética em seu interior.

Considerando que as micro-ondas são ondas não ionizantes, em resumo:

- Desligando seu forno de micro-ondas, a radiação, ou qualquer sinal dela no alimento desaparece.

- A radiação do micro-ondas tem apenas a propriedade de cozinhar e/ou aquecer os alimentos, não alterando a sua estrutura química ou molecular.

- O consumo de alimentos aquecidos no micro-ondas não aumenta o risco de câncer.

- A estrutura do forno está preparada para que a radiação não extravase para o ambiente externo

- O forno de micro-ondas é seguro e muito mais limpo que os meios tradicionais de se cozinhar alimentos.

Em resumo, o esse é um eletrodoméstico muito útil e versátil. O mercado oferece muitos modernos modelos, material, função e cores. Os mais modernos possuem função grill, outros possuem função pizza, brigadeiros, pipoca, descongelar, para escolher na hora de comprar basta olhar o display e escolher aquele que mais te agrada.

FIGURA 41

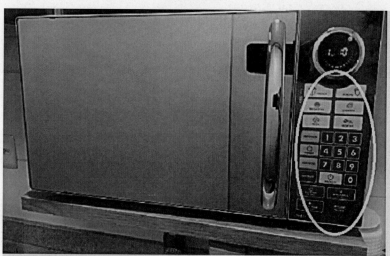

Fonte: foto de Rafael Campos

CUIDADO: é importante seguir as instruções de utilização dos aparelhos, pois podem trazer riscos se estiverem danificados, principalmente as vedações de portas antigas ou defeituosas — causas mais comuns de vazamento desse tipo de radiação. Outras formas são acúmulo de sujeira, abuso mecânico ou simplesmente o desgaste do uso contínuo.

LEMBRAR QUE: muitas receitas de preparo rápido se encontram disponíveis nas redes e sites, como receitas salgadas de arroz no micro-ondas, penne, cremes, batata doce, fritar bacon, pipoca... e tantas outras, fáceis de fazer.[1]

1. Limpe-o rapidamente

Muitos alimentos fazem uma "lambança" ao serem aquecidos no micro-ondas, como molhos, por exemplo, que espirram por toda parte. Se isso acontecer, limpe-o em instantes da seguinte forma: coloque uma tigela de vidro com água e algumas gotas de vinagre e aqueça por cinco minutos. O vapor vai facilitar a limpeza. Depois, é só passar um pano limpo.

2. Acabar com grumos de açúcar

Se você usa açúcar mascavo, sabe que pode criar grumos difíceis de desfazer. Se isso acontecer, coloque o açúcar em um recipiente que possa ir ao micro-ondas, cubra com papel-toalha umedecido e aqueça por 20-30 segundos, não mais que isso. Os grumos vão sumir.

3. Reaqueça sanduíches

Sabemos que sanduíches e preparos assados podem ficar muito sem graça ao serem reaquecidos no micro-ondas, justamente por causa da umidade. Para evitar que isso aconteça, basta envolver o seu alimento em papel-toalha, que vai absorver essa umidade e deixar o seu sanduíche ou qualquer outro preparo delicioso.

4. Faça uma compressa quente instantânea

Se você não quer esquentar água para colocar na bolsa térmica, ou se você não a tem, pode fazer uma compressa quente usando o micro-ondas. Coloque uma toalha de rosto úmida no aparelho e aqueça em potência máxima por um minuto. Depois é só usar.

---

[1] Uma sugestão é o site, no qual se encontram essas dicas importantes: https://www.coopercica.com.br/15-coisas-incriveis-que-voce-pode-fazer-com-o-micro-ondas/. Acesso em: 1 jul. 2021.

5. Secar ervas frescas

Você pode preparar as suas ervas frescas utilizando o micro-ondas ao invés do forno convencional, o que é mais rápido e econômico. Disponha o equivalente a uma xícara da erva de sua preferência sobre papel-toalha e leve ao micro-ondas por 2 a 4 minutos. Descarte o papel e deixe a erva secar ao ar livre, e vai estar pronto em questão de minutos.

6. Restaurar mel cristalizado

Se você compra mel de qualidade, e principalmente orgânico, sabe que ele cristaliza, o que é normal. Para deixá-lo líquido novamente, leve-o ao micro-ondas usando metade da potência, aquecendo por até dois minutos.

7. Extrair mais suco do limão

Se você quer extrair o máximo de suco dos limões, corte-os ao meio e leve ao micro-ondas por 10-20 segundos. Fica mais suculento e mais fácil de espremer.

8. Corte cebola sem lágrimas

Cortar cebolas pode ser um martírio, pois elas realmente nos fazem chorar. Para evitar que isso aconteça, corte as extremidades e aqueça em potência alta por 30 segundos. Isso vai evitar que a cebola solte aquele líquido que causa lacrimejamento.

9. Cozinhe vegetais no vapor

Vegetais de casca grossa, como batata, abóbora e tomate, podem ser cozidos no micro-ondas, mas podem explodir porque o vapor fica retido dentro do alimento. Para evitar isso, perfure a casca com um garfo ou faca antes de cozinhar para que o vapor possa sair.

10. Descasque alho, tomates e pêssegos rapidamente

Para um único dente de alho, aqueça-o por 15 segundos. O calor remove a umidade que fica presa na casca. Para tomates e pêssegos, aqueça-os por 30 segundos em potência alta. Depois de dois minutos, a casca sai facilmente sem esforços.

11. Faça ovo pochê

Você acha difícil fazer ovo pochê na panela? O micro-ondas pode ajudar. Despeje água fervente em uma tigela apropriada que possa ser usada no aparelho. Coloque um pouco de vinagre branco (cerca de 1 colher de chá), quebre o ovo e coloque-o com cuidado na água para não estourar a gema. Perfure a gema com um palito para soltar no vapor no cozimento. Cubra com plástico filme e cozinhe em potência máxima por 30 segundos. Depois, retire o ovo com cuidado e cozinhe por mais 20 segundos em potência alta.

12. Economize tempo em imersão de alimentos durante a noite

Se você vai preparar feijão ou outro grão duro que precisa passar horas e horas de molho e não tem tempo para isso, pode usar o micro-ondas para facilitar o procedimento. Coloque os feijões em uma tigela com uma pitada de bicarbonato de sódio e cubra com água. Aqueça por 10 minutos em potência alta. Depois, deixe descansar por meia hora e está pronto para o cozimento, ou seja, muito mais rápido do que deixar de molho a noite inteira!

13. Reutilize pão velho

Você pode usar aquele pão amanhecido de até mais de um dia. Umedeça um pano de prato, envolva o pão neste pano e aqueça por 10 segundos até que o pão esteja na textura de sua preferência.

14. Remova selos com segurança

Você coleciona ou conhece alguém que coleciona selos? Se você recebeu uma correspondência com um selo que gostaria de guardar, faça o seguinte: com cuidado, pingue algumas gotas de água no selo (não se preocupe, não vai estragar). Leve ao micro-ondas por 20 segundos e você vai conseguir descolar o selo facilmente, sem correr o risco de rasgar.

15. Reaqueça batatas fritas deixando-as crocantes

Batatas fritas perdem aquela textura crocante depois de um tempo, mas o micro-ondas pode deixá-las deliciosas novamente. Basta envolvê-las em papel-toalha e aquecê-las no aparelho.

Decididamente muito útil e prático.

> **QUE TAL ESQUENTAR A MARMITA? MAS ATENÇÃO: "ALIMENTOS SECOS OU RECIPIENTES NÃO SÃO AQUECIDOS PELO FORNO MICRO-ONDAS".**

PANELA DE PRESSÃO:
USAR SEM MEDO!

Quando desejamos cozinhar mais rápido alimentos como feijão ou mesmo batatas, beterraba e tantos outros, optamos pela panela de pressão. Algumas pessoas ainda têm receio de usá-las, existe razão para esse medo? Como o nome já diz, o funcionamento dessas panelas se dá por um aumento da pressão interna da vasilha, tornando a pressão interna maior do que a pressão atmosférica, que consequentemente faz com que o ponto de ebulição do líquido aumente.

FÍSICA DA PANELA DE PRESSÃO

Ebulição: quando colocamos a água para aquecer, a energia recebida pelas moléculas possibilita que elas passem para o estado de vapor. Inicialmente, podemos ver no fundo do recipiente a formação de bolhas de vapor de água, e só depois de receber mais energia na forma de calor é que essas bolhas sobem e são liberadas na superfície, entrando em ebulição.

A água tem ponto de ebulição, ou ferve, na temperatura de 100 ºC ao nível do mar. Se a altitude aumenta, a temperatura de ebulição diminui, porque a pressão atmosférica é menor. O mesmo vale para o aumento da pressão, o ponto de ebulição da água aumenta quando a pressão aumenta. Outras substâncias possuem outras temperaturas de ebulição e a pressão atmosférica normal (nível do mar). Exemplo: acetona, 56,2 ºC, e álcool, 78,5 ºC.

Ocorre a passagem do estado líquido para o gasoso (ou para vapor, no caso da água) quando as moléculas dos líquidos num recipiente, que estão constantemente sob agitação, devem vencer a pressão atmosférica as impede de passarem para o estado gasoso. Além disso, as moléculas realizam ligações intermoleculares entre si, que também dificultam a mudança de estado físico. No entanto, quando essas moléculas adquirem uma energia cinética determinada, elas conseguem romper as suas ligações intermoleculares e a inércia, havendo a mudança para o estado gasoso ou de vapor.

Quando aumentamos a temperatura desse líquido, estamos fornecendo energia ao sistema, o que faz com que essas moléculas adquiram mais rapidamente a energia necessária para mudarem de estado, o que acontece quando atingem o seu ponto de ebulição. Assim, quanto maior for a pressão sobre a superfície, mais difícil será para suplantá-la e para o líquido entrar em ebulição, logo, o ponto de ebulição será maior. Por outro lado, se a pressão for menor, será mais fácil entrar em ebulição e o ponto de ebulição será menor.

Isso nos ajuda a entender o princípio de funcionamento da panela de pressão. Dentro dela, a pressão sobre a água é bastante elevada, o que faz com que a água permaneça no estado líquido em temperaturas maiores que 100 ºC. Temperaturas mais elevadas aceleram as mudanças físicas e químicas que ocorrem durante o cozimento de alimentos. A panela de pressão acelera o cozimento dos alimentos

Se quisermos cozinhar algum alimento em lugares de altitude muito elevada, como o Monte Everest, em panelas comuns, será muito difícil. Isso porque a água irá entrar em ebulição e secar antes mesmo que o alimento termine de cozinhar.

Observe que colocar sal na água antes dela ferver também aumenta a temperatura de ebulição e gasta mais tempo e mais gás esperar o ponto de ebulição. Quando for cozinhar uma pasta, salgue a água quando ela já estiver fervendo para economizar gás. A água salgada tem ponto de ebulição mais alto que a água sem sal.

OPÇÕES DE PANELAS DE PRESSÃO

1. O modelo mais simples dispõe de trava de segurança, pino indicativo da presença de pressão, acabamento em alumínio, válvula de segurança e variedade de cores, sendo uma panela muito simples e eficiente.

FIGURA 42

Fonte: https://guiadaescolha.com.br/melhor-panela-de-pressao/. Acesso em: 9 mar. 2021

São facilmente encontradas no mercado com capacidades de: 3 litros, 4,5 litros e 7 litros.

Prós:

- válvula controladora de pressão;
- cabo reforçado com fixação ultra resistente que garante o manuseio mais seguro;

- presilha metálica, que é um sistema de fechamento seguro e que evita a abertura da panela durante o cozimento;

- asa ergonômica que facilita o manuseio

- pode ter revestimento antiaderente;

- fácil abertura;

- disponível em alumínio tradicional ou outras cores;

- várias capacidades.

Contra:

- Como essa é uma panela mais simples que as demais, ela não conta com ajustes de pressão e outros adicionais.

2. Essa também é uma panela de pressão tradicional e que oferece um excelente custo-benefício. Ela conta com seis sistemas de segurança, é confeccionada em alumínio polido, tem vedação em silicone e cabos anatômicos.

FIGURA 43

Fonte: https://guiadaescolha.com.br/melhor-panela-de-pressao/. Acesso em: 9 mar. 2021

Prós:

- diversas capacidades;
- trava de segurança;
- botão liberador de pressão;
- vedação em silicone;
- cabos anatômicos;
- cozimento mais rápido dos alimentos.

Contra:

- Confeccionada apenas em alumínio

3. Com três válvulas de segurança que reduzem totalmente o risco de acidentes e antiaderente.

FIGURA 44

Fonte: https://guiadaescolha.com.br/melhor-panela-de-pressao/. Acesso em: 9 mar. 2021

Prós:

- Seu revestimento antiaderente na parte interna e externa ajuda a diminuir o tempo de cozimento.
- Fácil limpeza das três válvulas de segurança.
- Alça e cabo antitérmico que garantem mais segurança durante o uso.
- Grande variedade de cores e capacidades.
- Ainda mais prática.

4. Essa também é uma panela de pressão tradicional e que oferece muitos pontos positivos. O primeiro a ser destacado é o fundo triplo, que distribui melhor o calor, fazendo com que os alimentos sejam preparados mais rapidamente.

FIGURA 45

Fonte: https://guiadaescolha.com.br/melhor-panela-de-pressao/. Acesso em: 9 mar. 2021

Em termos de segurança, ela conta com alguns destaques, como a tampa com fechamento prático e que apenas pega pressão quando está corretamente lacrada e o fato de ser inteira produzida em aço inox, um material bastante resistente e durável.

Prós:

- fundo triplo;
- ótima distribuição do calor;
- cozimento rápido;
- mais segurança e resistência;
- facilidade de limpeza.

5. Esta é uma panela de pressão tradicional mais moderna graças à presença do visor na tampa. Ele traz mais facilidade de uso e segurança, pois se consegue acompanhar o cozimento e verificar o nível de água dentro da panela.

FIGURA 46

Fonte: https://guiadaescolha.com.br/melhor-panela-de-pressao/. Acesso em: 9 mar. 2021

Ela é confeccionada em aço inoxidável, o que oferece uma durabilidade ainda maior e um cozimento mais rápido. Em termos de segurança, ela conta com um sistema reforçado por um dispositivo de abertura que une alça e tampa.

Prós:

- visor na tampa;
- presença do cesto peneira;
- cozimento rápido;
- estrutura reforçada;
- design moderno e elegante.

Contras

- valor mais alto comparado com outras panelas de pressão simples;
- pegadores mais frágeis.

Panela de pressão elétrica

Esse é um modelo mais moderno e tecnológico que as convencionais. A panela de pressão elétrica também é mais segura, pois tem um controle interno da temperatura e timer inteligente. Ela é ótima para quem não tem muito tempo, já que vários modelos contam com timer que permitem programar quando a panela começará a cozinhar. Também existem programas específicos para diferentes tipos de receitas e você poderá usar sua panela para fazer uma série de itens como carnes, legumes, arroz e até doces.

FIGURA 47

Fonte: https://guiadaescolha.com.br/melhor-panela-de-pressao/. Acesso em: 9 mar. 2021

Uma panela de pressão mais tecnológica são as de modelos elétricos, são práticas de usar e mais seguras. Podem possuir sistema inteligente de oito níveis de segurança, que ajuda a preparar os alimentos mais rápido e de forma mais segura.

Em geral, o recipiente interno da panela tem capacidade de cinco litros e é antiaderente, o que torna a limpeza bem prática, já que essa parte da panela pode ser removida e lavada normalmente.

Prós:

- timer de programação;

- mais níveis de segurança;

- capacidade de cinco litros;

- não precisa usar o fogão (já que ela funciona com energia elétrica);

- tipos diferentes de programas para todos os tipos de alimentos e receitas.

Contra:

- O principal ponto negativo, contudo, é o preço bem mais alto do que as panelas de pressão tradicionais.

Esses são os tipos mais conhecidos de panelas de pressão que estão nos mercados, é claro que existem muitos outros tanto similares como diferentes.

Como se trata de um utensílio essencial da cozinha, a escolha de um ou mais modelos vai de acordo com a necessidade de cada um.

Quanto ao receio de utilizar uma panela dessas, creio que é uma questão muito pessoal, mas tentei mostrar aqui a segurança que elas apresentam.

É MUITO MAIS BARATO E SAUDÁVEL COMER EM CASA, POR EXEMPLO, DO QUE SEMPRE PEDIR COMIDA FORA. A PANELA DE PRESSÃO PODE SER SUA ALIADA PARA COZINHAR MAIS RÁPIDO E ECONOMIZAR GÁS (EXCETO AS ELÉTRICAS). QUANDO USAR A SUA, USE COM ATENÇÃO E SEM MEDO.

COZINHAR É UM ATO DE AMOR!

TELEVISÃO:
MUITOS PROGRAMAS E MUITAS OPÇÕES

Quem não gosta de aconchegar-se no sofá e assistir ao seu programa favorito? Sem dúvida, a televisão é um componente de grande importância nos lares. Os pontos positivos são, claro, remonta ao relax e a diversão. Pontos negativos também são muitos, podem facilitar a preguiça, a comunicação familiar. Em suma, a TV tem significativo lado bom e lado ruim. A preocupação aqui é se assistir TV pode causar mal à saúde, principalmente dos olhos. Será que com a própria evolução tecnológica, ela se tornou mais segura no que diz respeito à emissão de radiações?

FIGURA 48

Fonte: foto de Raquel Joyner

HISTÓRIA DA TELEVISÃO

John Logie Baird (1888-1946) foi um dos primeiros a se perguntar como seria possível transmitir imagens por meio das ondas do rádio. A primeira demonstração do aparelho ocorreu em 1926, quando o escocês Logie apresentou a televisão mecânica aos cientistas da Academia Britânica.

FIGURA 49

Fonte: foto de domínio publico: John Logie Baird posa ao lado de seu invento "The Baird Television", em 1926. Disponível em: https://www.todamateria.com.br/historia-datelevisao/#:~:text=Oficialmente%2C%20a%20primeira%20demonstra%C3%A7%C3%A3o%20do,aos%20cientistas%20da%20ª. Acesso em: 10 jun. 2021

Por outro lado, nos Estados Unidos, Philo Taylor Farnsworth (1906-1971), em 1927, aproveitou as pesquisas e a criação do tubo de raios catódicos para obter a transmissão de imagens por via eletrônica.

Já o sueco Ernst Alexanderson (1878-1975) se afastou do modelo de Philo por julgá-lo pouco prático. Assim, continuou sua pesquisa e conseguiu provar a transmissão de imagens sem a necessidade de cabos. Alexanderson fez a primeira demonstração pública de sua televisão no Proctors Theater, em Nova York, no dia 13 de janeiro de 1928. Essa TV tinha uma resolução de 24 linhas. Só para comparar, atualmente uma TV UHD tem 2160 linhas de resolução.

Em 1934, a empresa alemã Telefuken começou a fabricar os primeiros aparelhos com tubo de raios catódicos. Dois anos depois, as Olimpíadas de Berlim foram transmitidas pela televisão.

O primeiro controle remoto sem fio surgiu em 1955 e os botões apareceram na década seguinte. Na década de 1980, popularizam-se os controles que funcionam por infravermelho. O controle remoto universal é de 1987.

A televisão tornou-se um eficiente meio de transmissão de informações, com telejornais, mas também de programas de entretenimento, tais quais os programas de auditório, infantis, novelas, dentre outros. Além de transmitir notícias e distrair o público, a TV apresenta um grande número de publicidade, pois essa é a principal fonte de financiamento da televisão o que leva o espectador ao consumo desenfreado.

No início dos anos 90, a tecnologia LCD (*Liquid Crystal Display* – Display de Cristal Líquido) foi desenvolvida. As TVs LCD proporcionavam melhores imagens e eram mais leves que as TVs CRT.

O desenvolvimento de novas tecnologias deixou as TVs, além de mais leves, com telas muito mais finas e imagens com altíssima definição. O futuro das telas de aparelhos de televisão e eletroeletrônicos gerais são as telas de OLED (*Organic Light Emitting Diode* – Diodo Orgânico Emissor de Luz), que possuem funcionamento semelhante ao LED, mas a emissão de luz é feita por um material orgânico.

FÍSICA DA TELEVISÃO

Os primeiros televisores funcionavam pelo princípio dos raios catódicos. Os elétrons que formam a imagem de um televisor batem no anteparo de fósforo, além da luz que produz a imagem, também são geradas outras espécies de radiação e a mais perigosa é a formada pelos raios X.

Os monitores CRT (*Cathode ray tube* – Tubo de raios catódicos) dominaram o mercado até a década de 90. O mecanismo que fazia funcionar os aparelhos do tipo CRT era constituído por um canhão eletrônico que gerava feixes de elétrons acelerados por uma diferença de potencial (voltagem). Ao serem aceleradas, as partículas que compunham os feixes chegavam a uma região onde estavam bobinas. Esses equipamentos geravam campos magnéticos verticais e horizontais. As cargas elétricas em movimento sob ação do campo magnético ficavam sujeitas a uma força magnética, que fazia com que os elétrons percorressem toda a extensão da tela. Ao atingirem a tela, composta por material sensível à luz, os elétrons deixavam manchas que, unidas, formavam as imagens.

FIGURA 50

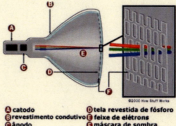

Fonte: https://lugarnenhum.net/oq/oq9-como-funciona-a-televisao/. Acesso em: 29 jun. 2021

Uma exposição prolongada aos raios X pode ser extremamente danosa ao organismo humano, pois provoca a destruição de suas células e até pode causar mutações genéticas responsáveis pelo câncer. Com o advento dos monitores e televisores de cristal líquido e plasma, esse perigo já não existe mais. Pode-se dizer que esses monitores e televisores consistem na solução mais limpa em termos de agressão, tanto ao meio ambiente como de ameaça à nossa saúde.

No entanto, considerando que muitos ainda possuem monitores antigos, da tecnologia do tubo de raios catódicos, e mais ainda, que o usuário de um computador trabalha muito mais tempo e muito mais próximo do monitor do que um telespectador fica diante de um televisor, é justo que exista uma preocupação com os efeitos da radiação.

Quanto às televisões modernas, estas seguem certificações de normas técnicas, sendo que seus componentes emitem radiações muito baixas e dentro do estipulado por agências reguladoras.

DEVE-SE PROCURAR UMA EMPRESA PARA DESCARTAR:

Apesar de a maior parte dos materiais que constituem os televisores CRT serem aptos para a reciclagem: vidro, plásticos e metais, cerca de 35% do peso do vidro é formado por óxido de chumbo (1 a 1,5kg por televisor), um componente altamente tóxico para o meio ambiente e saúde humana. A reciclagem ou a sua disposição são de particular preocupação uma vez que as altas quantidades de óxido de chumbo tornam o vidro inadequado para a maioria das atuais aplicações existentes. Procure uma empresa que faça esse descarte com segurança.

TV LCD

A tecnologia LCD funciona por meio de um líquido polarizador de luz que possui suas moléculas organizadas em padrões exatos, conferindo a característica de cristal. Esse material fica entre duas lâminas transparentes e funciona por meio de tensões elétricas aplicadas a pontos específicos da tela.

Telas de cristal líquido. É praticamente impossível não encontrar em sua casa ao menos um aparelho com um display ou visor com essa tecnologia. As telas de cristal líquido não estão presentes apenas nos aparelhos de TV, mas também em celulares, relógios, monitores, calculadoras e tudo o mais que necessite de um mostrador.

Trata-se de um monitor muito leve e fino, sem partes móveis. Há um líquido polarizador da luz, eletricamente controlado, que se encontra comprimido dentro de celas entre duas lâminas transparentes polarizadoras. Os eixos polarizadores das duas lâminas estão alinhados perpendicularmente entre si.

As TVs LCD emitem uma luz total e constante da parte de trás. Essa luz passa por várias camadas, cuja função basicamente é dividir a onda de luz em milhões de pedacinhos, cada um com uma intensidade diferente. Essa intensidade define a intensidade da cor que vai ser mostrada em cada pixel. Pronto, temos uma imagem formada.

TELA DE PLASMA

Gás aquecido demais forma uma substância densa que conduz eletricidade facilmente. Existe gás xenon e neon dentro dos pixels da TV de Plasma. Aquecidos, eles se iluminam mais ou menos, formando as cores e as imagens.

Por causa desse processo, a TV de Plasma tem mais luminosidade e mais contraste que outros modelos. Além disso, seus pixels ligam e desligam com muita rapidez, em comparação às tecnologias anteriores, o que dá a ela muita definição de movimento. A desvantagem? Ela consome bem mais energia que as demais televisões e são bastante frágeis. Os pixels ligados a partir do aquecimento do gás dentro deles, podem facilmente queimar, especialmente se precisam ficar aquecidos, ou seja, ligados por muito tempo. Por isso, não é nada recomendado que se deixe imagens paradas nessas TVs.

TV DE LED E OLED

Parecida com as TVs LCD, as TVs de Led também funcionam com cristal líquido e dividem sua luz em muitos pedacinhos. Só que dessa vez essa divisão já é feita no painel de Leds. Como as lâmpadas Led são relativamente simples, essas TVs não consomem tanta energia.

Lâmpadas de LED: o LED é uma pequena lâmpada constituída de material semicondutor que emite luz. Nas televisões com essa tecnologia, a luz não é ionizada, mas, sim, gerada por uma infinidade de LEDs. As telas dessas TVs podem apresentar apenas três cm de espessura!

VANTAGENS: TELEVISÃO DE LED VALE A PENA?

- Cores mais vivas e puras: além de diversas lâmpadas, a presença de cristal líquido auxilia nesta característica.

- Não utiliza mercúrio: nos demais modelos de TV, o mercúrio é utilizado. Esta é uma vantagem imensa sobre o meio ambiente, já que o mercúrio é um produto altamente tóxico para o solo e para as águas.

- Espessura: essas TVs costumam chamar atenção dos consumidores por serem extremamente finas! Esta é uma vantagem tanto em estética, como em facilidade de arrumar o equipamento.

- Brilho: o brilho da TV não terá oscilações conforme quedas de energia. Isso permite uma regulagem mais precisa, e um conforto visual!

Desvantagens

- o custo de uma televisão de LED costuma ser bem mais elevado que a LCD.

Entretanto, a tendência do mercado é que elas dominem as demais TVs, e assim, tenham seus preços diminuídos ao longo do tempo.

QUANTO AO TIPO DE TV:

SMART TV

- Trata-se de televisores que, muito além da função de exibir imagem, têm acesso à internet e a diversos recursos.

- Assim, você poderá conectar-se a Netflix, *Spotify*, YouTube e diversos outros entretenimentos.

- Além, é claro, de navegar pela Internet com o poder do controle remoto.

TV 3D

No televisor normal, duas dimensões são exibidas. Na TV 3D, as dimensões aumentam para três: é como se fosse a cena real acontecendo!

Resolução de tela: qual a diferença das TVs HD ao 8K? Qual a diferença entre uma TV 4K e Full HD?

A principal diferença entre ambas as TVs é quanto à resolução da tela. A TV 4K possui quatro vezes mais resolução do que a maioria das televisões, como a Full HD, por exemplo.

A TV 4K conta com uma resolução de 2840x2160 (totalizando 8.294.400 pixels), enquanto os televisores Full HD possuem telas com resolução quatro vezes menos, de 1920x1080 (totalizando 2.073.600 pixels). O resultado dessa diferença são imagens muito mais nítidas, claras e coloridas.

Observação: as palavras "picture" (imagem) e "element" (elemento) formaram o termo "pixel" que, em português, significa "elemento da imagem". Quanto maior a presença de pixels, melhor a definição da imagem. Isso porque quanto mais "quadradinhos" a TV possui, menos ela vai precisar redimensionar a imagem exibida para oferecê-la completa a quem está assistindo.

FIGURA 51

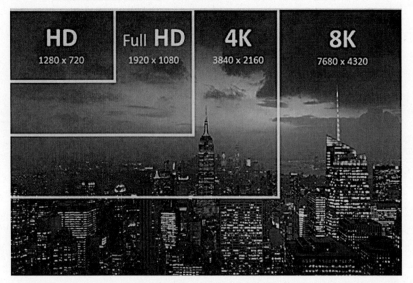

Fonte: https://www.showmetech.com.br/hd-4k-8k-diferencas-e-qual-tv-e-melhor/. Acesso em: 29 jun. 2021

COMO ESCOLHER SUA TV: TAMANHO E TIPO DE TELA

- TVs de 32 polegadas ou menores: modelos em HD ou Full HD (4K, só a partir de 40 polegadas). Recomendadas a uma cozinha, escritório ou no quarto das crianças. Neste caso, prefira uma Full HD.

- TVs de 40 a 43 polegadas: para salas menores, com 2 metros de distância ou menos entre o usuário e a TV. Telas maiores nessa distância podem dar uma sensação de pixelização, quando você percebe os quadradinhos (os pixels) que formam a imagem. Outro ponto importante é que, a partir deste tamanho, as TVs 4K são as melhores escolha. O preço é um pouco mais alto do que o das Full HD, mas a qualidade é bem melhor.

- TVs de 55 polegadas ou mais: para salas grandes, um investimento maior, pode partir para os aparelhos gigantes sem o menor problema. Com 3 metros de distância entre usuário e TV já dá para apostar em um TV de 55 até 70 polegadas. Se a distância for maior, pode optar por até por telas acima de 75 polegadas.

QUAL A ALTURA CERTA PARA COLOCAR A TELEVISÃO NA PAREDE?

A altura da TV na parede, do chão até o centro da tela, é de geralmente é 1,20m. Na hora de calcular, procure deixar o centro da tela na altura dos olhos, estando sentado no sofá. Considerar ainda a altura dos telespectadores.

Quanto à distância: podemos usar uma fórmula e calcular aproximadamente a distância ideal.

Distância mínima: (tamanho da tela x 1,5) x 2,54 = distância em centímetros

Distância máxima: (tamanho da tela x 2,5) x 2,54 = distância em centímetros

Exemplo: TV de 40 polegadas:

Distância mínima: 40 x 1,5 x 2,54 = 1,52 m

Distância máxima: 40 x 2,5 x 2,54 = 2,54 m

ATENÇÃO: como os aparelhos de TV atuais, lançados a partir da década de 90 não emitem radiação, assistir televisão de perto não faz mal aos olhos. Porém, não se recomenda assistir à televisão com a luz apagada por ser prejudicial à saúde ocular uma vez que a pupila acaba tendo que se adaptar a diferentes luminosidades constantemente, o que pode levar à vista cansada, devido ao estímulo em excesso.

O excesso de tempo sentado é o principal vilão nessa história caso o hábito de ficar muito tempo na frente do aparelho de TV e negligenciando o hábito das atividades físicas tão importantes para a saúde.

Em conclusão: assistir seu programa favorito, esportes, sua série, ou ver um filme é sem dúvida um lazer relaxante e faz muito bem, desde que não cultive o hábito de assistir TV diariamente por muitas horas.

> **VALE LEMBRAR:
> "A DIFERENÇA
> ENTRE O REMÉDIO
> E O VENENO
> ESTÁ NA DOSE"!**

NOTA DA AUTORA

Decididamente, apenas uma pitadinha de Física foi colocada aqui nesses temas do nosso cotidiano. A Física está presente em tudo, desde os primórdios da civilização humana. Obter o fogo, observar e tentar entender o universo, enfim, todo o pensamento humano tem um pouco dessa ciência natural.

A Física está em toda parte, quando tocamos no gelo e temos a sensação da temperatura baixa, quando pegamos uma travessa quente usando um protetor térmico, enfim, tudo que observamos pode ser explicado com bases físicas.

Porém, seria impossível descrever tudo isso num único livro e por isso fiquei restrita aos tópicos mais comuns. Meu propósito é difundir um pouco o conhecimento físico na esperança de ajudar no manuseio e nas escolhas da vida doméstica.

Desejo receber avaliações, comentários e sugestões daqueles que se proponham a trocar ideias comigo.

Ficarei aguardando.

REFERÊNCIAS

ADABO, Gabrielle. Você sabe escolher lâmpadas? Parte 1 – tipos de lâmpadas. **IEI Brasil**. Campinas, 24 set. [2019?]. Disponível em: https://iei-brasil.org/2019/09/24/tipos-de-lampadas/. Acesso em: 6 set. 2021.

CEM anos de garrafa térmica. **DW**. [S. l.], 1 out. 2003. Disponível em: https://www.dw.com/pt-br/cem-anos-de-garrafa-t%C3%A9rmica/a-983551. Acesso em: 6 set. 2021.

COMO escolher o aquecedor elétrico ideal para sua casa. **Blog da Lopes**. [S. l.], 4 nov. 2016. Disponível em: https://www.lopes.com.br/blog/decoracao-paisagismo/como-escolher-aquecedor-eletrico/#:~:text=pequenos%20a%20m%C3%A9dios.-,Aquecedor%20a%20%C3%B3leo,o%20calor%20para%20o%20ambiente. Acesso em: 6 set. 2021.

COMO FUNCIONA o fogão ou a panela de indução. **Instituto Newton C. Braga**. [S. l.], 3 nov. 2009. Disponível em: https://www.newtoncbraga.com.br/index.php/como-funciona/549-como-funciona-o-fogao-ou-panela-de-inducao-art035.html. Acesso em: 6 set. 2021.

COURA, Diego. História das lâmpadas. **OAK Energia**, João Monlevade, 5 maio 2018. Disponível em: https://oakenergia.com.br/blog/historia-das-lampadas/#:~:text=Em%201938%2C%20criada%20por%20Nikola,de%20luz%20do%20que%20calor. Acesso em: 6 set. 2021.

É VERDADE que lâmpadas LED fazem mal para a saúde? **Folha de S. Paulo**, [*S. l.*], 5 nov. 2016. Disponível em: http://www1.folha.uol.com.br/equilibrioesaude/2016/11/1829547-e-verdade-que-lampadas-led-fazem-mal-para-a-saude.shtml. Acesso em: 6 set. 2021.

FOGACA, Jennifer Rocha Vargas. "Comparação entre pontos de ebulição das substâncias". **Brasil Escola**, [*s. l.*], 2019. Disponível em: https://brasilescola.uol.com.br/quimica/comparacao-entre-pontos-ebulicao-das-substancias.htm. Acesso em: 9 mar. 2021.

HELERBROCK, Rafael. "Condução térmica". **Brasil Escola**, [*s. l.*], 2020. Disponível em: https://brasilescola.uol.com.br/fisica/conducao-termica.htm. Acesso em: 13 set. 2021.

HISTÓRIA das lâmpadas e sua evolução. **Traços Retos Iluminação**. Joinville, 30 mar. 2020. Disponível em: https://www.tracosretos.com.br/artigo/historia-das-lampadas-e-sua-evolucao. Acesso em: 6 set. 2021.

LARA, Rodrigo. Sugando o calor para gerar frio: entenda como as geladeiras funcionam. **UOL**, São Paulo, 10 out. 2019. Disponível em: https://www.uol.com.br/tilt/noticias/redacao/2019/10/10/a-tecnologia-por-tras-das-geladeiras.htm?cmpid=copiaecola. Acesso em: 6 set. 2021.

LARA, Rodrigo. Cadê a chama? Como funcionam os fogões por indução. **UOL**, [*s. l.*], 9 jul. 2020. Disponível em: https://www.uol.com.br/tilt/noticias/redacao/2020/07/09/do-magnetismo-ao-calor-como-funcionam-os-fogoes-por-inducao.htm?cmpid=copiaecola/. Acesso em: 17 mar. 2021.

MANUTENÇÃO da geladeira. Veja como conservá-la. Blog Web Continental. [*S. l.*], 2020. Disponível em: https://blog.webcontinental.com.br/decoracao-e-casa/manutencao-da-geladeira/. Acesso em: 6 set. 2021.

MOTTA, Gabriel. Melhor panela de pressão: veja o review dos 7 principais modelos de 2021. **Guia da Escolha**. [*S. l.*], 31 ago. 2021. Disponível em: https://guiadaescolha.com.br/melhor-panela-de-pressao/. Acesso em: 9 mar. 2021.

OLIVEIRA, Valdir de. Alavancas odontológicas: o que são e qual o uso na odontologia? **Simpatio**. [S. l., 2021?]. Disponível em: https://simpatio.com.br/alavancas-odontologicas/. Acesso em: 6 set. 2021.

RADIAÇÃO de micro-ondas - onde está o perigo? Instituto Newton C. Braga. [S. l.], 2008. Disponível em: http://www.newtoncbraga.com.br/index.php/artigos/49-curiosidades/84-radiacao-de-microondas-onde--esta-o-perigo.html. Acesso em: 14 jan. 2021.

PRINCÍPIO da alavanca de Arquimedes. Blog Prof. Renato Ribeiro, [s. l.], 13 abr. 2015. Disponível em: https://www.em.com.br/app/noticia/especiais/educacao/enem/2015/04/13/noticia-especial-enem,637166/o-principio--da-alavanca-de-arquimedes.shtml. Acesso em: 13 set 2021.

SANTOS, Marco Aurélio da Silva. "Forno Micro-ondas"; Brasil Escola. Disponível em: https://brasilescola.uol.com.br/fisica/forno-microondas.htm. Acesso em 14 de janeiro de 2021.Acesso em: 14 jan. 2021.

SECRETARIA DA EDUCAÇÃO DO PARANÁ. Alavancas do corpo humano. Curitiba, [2019?]. Disponível em: http://www.ciencias.seed.pr.gov.br/modules/galeria/detalhe.php?foto=1648&evento=4. Acesso em: 6 set. 2021.

SILVA, Ana Carolina. Indução térmica. **InfoEscola**, [s. l.], 2019. Disponível em: https://www.infoescola.com/fisica/inducao-termica/. Acesso em: 6 set. 2021.

SILVA, Guilerme. Saiba quais são os perigos e como proteger a pele da luz azul. **A Gazeta**, [s. l.], 12 abr. 2021. Disponível em: https://www.agazeta.com.br/revista-ag/vida/saiba-quais-sao-os-perigos-e-como-proteger-a--pele-da-luz-azul-0421. Acesso em: 6 set. 2021.

VOCÊ sabe como funciona o ar-condicionado? **Blog Arfree**, [s. l.], http://blog.arfree.com.br/voce-sabe-como-funciona-o-ar-condicionado-descubra/. Acesso em 13 set. 2021.

FIGURAS

A HISTÓRIA DO MICRO-ONDAS. **Mundo Estranho**. Disponível em: https://super.abril.com.br/mundo-estranho/a-historia-do-micro-ondas/. Acesso em: 14 jan. 2021.

A MELHOR PANELA DE PRESSÃO. **Guia da Escolha**. Disponível em: https://guiadaescolha.com.br/melhor-panela-de-pressao/. Acesso em: 9 mar. 2021

AGRICULTURA. **Pexels**. Disponível em: https://www.pexels.com/pt-br/foto/curtido-maturado-agricultura-quintal-5490910/. Acesso em: 30 jun. 2021.

ALICATES. **Pexels**. Disponível em: https://www.pexels.com/pt-br/procurar/pin%C3%A7as%20alicates/. Acesso em: 20 maio 2021.

ARCHIMEDES. **Wikimedia**. Disponível em: https://upload.wikimedia.org/wikipedia/commons/2/2b/Archimedes_(Idealportrait).jpg. Acesso em: 30 jun. 2021.

ARQUIME. **Plantea**. Disponível em: http://platea.pntic.mec.es/aperez4/html/grecia/arquime.jpg. Acesso em: 30 jun. 2021.

ARQUIMEDES EM SIRACUSA. **Gênios da Ciência**. Disponível em: http://geniosdaciencia.bioorbis.org/2019/04/arquimedes-de-siracusa.html. Acesso em: 30 jun. 2021.

COMO FUNCIONA A TELEVISÃO. **Lugar Nenhum**. Disponível em: https://lugarnenhum.net/oq/oq9-como-funciona-a-televisao/. Acesso em: 29 jun. 2021.

DENTAL TOOLS FREE VECTOR. **Vecteezy**. Disponível em: https://www.vecteezy.com/free-vector/vector". Acesso em: 6 jun. 2021

FULL HD, HD, 4K OU 8K: diferenças e qual TV é melhor. Showmetech. Disponível em: https://www.showmetech.com.br/hd-4k-8k-diferencas-e-qual-tv-e-melhor/. Acesso em: 29 jun. 2021.

JOHN LOGIE BAIRD posa ao lado de seu invento "The Baird Television", em 1926. **Toda Matéria**. Disponível em: https://www.todamateria.com.br/historia-datelevisao/#:~:text=Oficialmente%2C%20a%20primeira%20demonstra%C3%A7%C3%A3o%20do,aos%20cientistas%20da%20ª. Acesso em: 10 jun. 2021.

LÂMPADA FLUORECENTE. **Imagem da Ilha**. Disponível em: https://imagemdailha.com.br/blog/associacao-coleta-gratuitamente-lampadas--fluorescentes-usadas-em-florianopolis.html. Acesso em: 20 maio 2021.

LÂMPADA INCANDESCENTE. **Wikipedia**. Disponível em: https://pt.wikipedia.org/wiki/L%C3%A2mpada_incandescente. Acesso em: 29 jun. 2021.

LIGHT BULB IMAGE. **Publicdomainvectors.org**. Disponível em: https://publicdomainvectors.org/en/free-clipart/Light-bulb-image/39229.html. Acesso em: 29 set. 2021.

O ESPECTRO ELETROMAGNÉTICO. **Wikimedia**. Disponível em: https://commons.wikimedia.org/wiki/File:Espectro_Eletromagn%-C3%A9tico.png. Acesso em: 19 out. 2019.

REFRIGERADORES. **Só Física**. Disponível em: https://www.sofisica.com.br/conteudos/curiosidades/refrigeradores.php. Acesso em: 30 jun. 2021.